三国志

中华国学经典精粹

[晋] 陈寿 著
臧宪柱 译

北京联合出版公司
Beijing United Publishing Co.,Ltd.

图书在版编目（CIP）数据

三国志 /（晋）陈寿著；臧宪柱译．—北京：北京联合出版公司，2015.7（2022.8 重印）

（中华国学经典精粹）

ISBN 978-7-5502-4355-2

Ⅰ．①三… Ⅱ．①陈… ②臧… Ⅲ．①中国历史—三国时代—纪传体 Ⅳ．① K236.042

中国版本图书馆 CIP 数据核字（2014）第 313687 号

三国志

作　　者：陈　寿

责任编辑：徐秀琴

封面设计：颜　森

北京联合出版公司出版

（北京市西城区德外大街 83 号楼 9 层　100088）

北京华夏墨香文化传媒有限公司发行

三河市东兴印刷有限公司印刷　新华书店经销

字数 130 千字　880 毫米 ×1230 毫米　1/32　5 印张

2019 年 5 月第 3 版　2022 年 8 月第 14 次印刷

ISBN 978-7-5502-4355-2

定价：36.00 元

前言

《三国演义》开篇说，“天下大势，分久必合，合久必分”。《三国演义》是一部小说，里面有很多对历史的演绎，但这句话确是对历史的高度总结。历史上的朝代更迭确实如此，分分合合、反反复复。

一般来讲，在稳定时期，人们的生活相对安定，但对后世的读史者来说，这部分历史往往平淡而略显乏味；动荡期则恰恰相反，战乱频起的时代往往可以给读史者带来更多的启示。纵观中国历史，三国时期的故事，最为精彩。

那是一个混乱的年代，也是一个英雄辈出的年代。不仅有曹操、刘备这样的奸雄和枭雄，还有诸如诸葛亮、荀彧等高明的谋臣、政治家，更有像关羽、张飞那样的猛将。这些人都是人中龙凤，在那个动荡的年代彼此都展示着自己的实力，相互角逐，相互依存。

对他们来说，只有天下的形势，没有永远的敌我。有些人昨天还是同盟，今天已然开战；有些人昨天还视彼此为仇雠，但今天已然称兄道弟。不是这些人毫无原则，而是他们明白，什么才能让自己生存下去。从这些故事中，我们可以读出形势、读出智慧，更能读出人性。这是历史人物的魅力，也是历史的魅力。

相对于小说的演义，真正的历史或许没有那么多的巧合与夸张，却多了厚重的真实。历史的真实，一样精彩。

《三国志》便是忠实记录三国时期历史的最重要著作。作者陈寿，是一位伟大的史学家。陈寿生于蜀汉，一生命运多舛，屡遭贬谪，但并未灰心，而是开始从事史书创作，最后历经十几年完成了《三国志》。

陈寿最为世人称道的是他的客观。他一生有很多不如意，但书写史书的时候不带半点怨气，也不会随意褒贬人物，而是忠实地还原历史，还每个人以本来面貌。他的客观，在一定程度上保证了《三国志》的质量。

一个动荡的时代，一个忠实的史学家，这便是《三国志》魅力的来源。时代给了它本身的精彩、真实，又让它多了一份厚重。我们甚至可以说，如果抛去文采不讲，单单看故事的精彩程度，《三国志》是最好看的史书。

也正是因为本身的精彩，根据书中的各种故事演义而成的小说《三国演义》才会风行。本就精彩的故事，加上文学家的渲染，自然更加吸引读者。然而，历史自有其道理，历史故事也自有其独特之处。从这个角度讲，《三国志》比《三国演义》更值得一读。

本书是简行本，不过这个“简”并不是随意缩减，而是精简。我们选择了《三国志》最为精彩的部分，原文呈现，又加了必要的注释，并附上译文，这样，读者既能从原文中读出属于历史的那份厚重，又能越过文言文的晦涩读懂当时的故事。

目录

魏书

蜀书

吴书

魏书

武帝纪

【原文】

太祖武皇帝，沛国谯人也，姓曹，讳操，字孟德，汉相国参之后。桓帝世，曹腾为中常侍大长秋，封费亭侯。养子嵩嗣，官至太尉，莫能审其生出本末。嵩生太祖。

太祖少机警，有权数，而任侠放荡，不治行业，故世人未之奇也；惟梁国桥玄、南阳何颙[①]异焉。玄谓太祖曰："天下将乱，非命世之才不能济也，能安之者，其在君乎！"年二十，举孝廉为郎，除洛阳北部尉，迁顿丘令，征拜议郎。

光和末，黄巾起。拜骑都尉，讨颍川贼。迁为济南相，国有十余县，长吏多阿附贵戚，赃污狼藉，于是奏免其八；禁断淫祀，奸宄逃窜，郡界肃然。久之，征还为东郡太守；不就，称疾归乡里。

【注释】

①颙：读yóng。

【译文】

太祖武皇帝，沛国谯县人，姓曹名操，字孟德，是汉初相国曹参的后裔。汉桓帝在位时，宦官曹腾为中常侍大长秋，被封费亭侯。曹腾收了一个养子，叫作曹嵩，作为自己的嗣子。虽然曹嵩后来做官做到太尉的位置，但是没有人知道他的身世。曹操便是曹嵩的亲生儿子。

曹操年少时便十分机警，有权谋，也有心计，而且为人仗义，乐于行豪侠之事，从来放荡不拘，对于学业却一点也不上心，所以当时的人都不重视他。只有梁国人桥玄、南阳人何颙两人非常欣赏曹操，觉得他不同于众人。桥玄甚至还对曹操说："天下要大乱了，一定要具有绝世之才才能救天下，我看那个能安定天下的人就是你！"曹操二十岁时，被举为孝廉，封为郎官。后来又被任命为洛阳北部尉，之后升任顿丘县令。后被招入朝中，做议郎。

汉灵帝光和末年，黄巾军起义爆发。曹操被任命为骑都尉，领兵征讨颍川黄巾军。后来升任济南国相。济南国有十多个县，各县长官大多为阿谀奉承之徒，乐于讨好朝廷贵戚，贪赃枉法之事做了不知凡几，一时声名狼藉。曹操上任之后，奏明朝廷，罢免了其中八个县的长官；又禁绝了以往风行多年的不合规矩的祭祀活动，该地的不良风气从此斩绝。而那些奸邪小人，也都逃窜到其他地方去了。济南国内，一时风气井然，秩序安定。过了很久，曹操被征召为东郡太守。他没有接受任命，称病回乡了。

【原文】

金城边章、韩遂杀刺史郡守以叛，众十余万，天下骚动。征太祖为典军校尉。会灵帝崩，太子即位，太后临朝。大将军何进与袁绍谋诛宦官，太后不听。进乃召董卓，欲以胁太后，卓未至而进见杀。卓到，废帝为弘农王而立献帝，京都大乱。卓表太祖为骁骑校尉，欲与计事。太祖乃变易姓名，间行东归。

出关，过中牟，为亭长所疑，执诣县，邑中或窃识之，为请得解。卓遂杀太后及弘农王。太祖至陈留，散家财，合义兵，将以诛卓。冬十二月，始起兵于己吾，是岁中平六年也。

初平元年春正月，后将军袁术、冀州牧韩馥、豫州刺史孔伷[①]、兖州刺史刘岱、河内太守王匡、勃海太守袁绍、陈留太守张邈、东郡太守桥瑁、山阳太守袁遗、济北相鲍信同时

俱起兵，众各数万，推绍为盟主。太祖行奋武将军。

【注释】

①伷：读zhòu。

【译文】

金城郡的边章、韩遂，杀了刺史郡守而叛乱，手下有兵众十余万，使天下震动。朝廷封曹操为典军校尉。正在这时，汉灵帝崩逝，太子刘辩即位，何太后临朝听政。大将军何进和袁绍二人密谋诛除宦官，何太后却不同意。于是，何进召董卓入京，打算用董卓的力量迫使太后同意诛杀宦官。没想到，董卓还没进京，何进就被宦官杀死了。董卓进京之后，废少帝刘辩为弘农王，立刘辩的异母弟弟刘协为帝，史称献帝。一时间，京城大乱。董卓上表奏请封曹操为骁骑校尉，想要和他共谋大事。曹操见形势不对，便改名易姓，暗中从小路向东逃回了家乡。

曹操逃出旋门关，路过中牟县时引起了亭长的怀疑。亭长逮捕了曹操，带着他去见县令。当时，县衙幕僚中有人认出他是曹操，却假装不认识，没有道出实情，而且向县令说情，因而曹操被释放。后来，董卓杀了太后和弘农王。曹操回到陈留后，散尽家财，招募义兵，想要诛除董卓。冬季十二月，曹操在己吾县起兵，这一年是汉灵帝中平六年。

第二年，即汉献帝初平元年正月，后将军袁术、冀州牧韩馥、豫州刺史孔伷、兖州刺史刘岱、河内太守王匡、勃海太守袁绍、陈留太守张邈、东郡太守桥瑁、山阳太守袁遗、济北国相鲍信，同时起兵讨伐董卓。每人兵众各有数万，大家共推勃海太守袁绍为盟主，而曹操以奋武将军的身份入盟。

【原文】

二月，卓闻兵起，乃徙天子都长安。卓留屯洛阳，遂焚宫室。

是时绍屯河内，邈、岱、瑁、遗屯酸枣，术屯南阳，伷屯颍川，馥在邺。卓兵强，绍等莫敢先进。太祖曰："举义兵以诛暴乱，大众已合，诸君何疑？向使董卓闻山东兵起，倚王室之重，据二周之险，东向以临天下；虽以无道行之，犹足为患。今焚烧宫室，劫迁天子，海内震动，不知所归，此天亡之时也。一战而天下定矣，不可失也。"遂引兵西，将据成皋。邈遣将卫兹分兵随太祖。

到荥阳汴水，遇卓将徐荣，与战不利，士卒死伤甚多。太祖为流矢所中，所乘马被创，从弟洪以马与太祖，得夜遁去。荣见太祖所将兵少，力战尽日，谓酸枣未易攻也，亦引兵还。

太祖到酸枣，诸军兵十余万，日置酒高会，不图进取。太祖责让之，因为谋曰："诸君听吾计，使勃海引河内之众临孟津，酸枣诸将守成皋，据敖仓，塞轘[①]辕、太谷，全制其险；使袁将军率南阳之军军丹、析，入武关，以震三辅：皆高垒深壁，勿与战，益为疑兵，示天下形势，以顺诛逆，可立定也。今兵以义动，持疑而不进，失天下之望，窃为诸君耻之！"邈等不能用。

太祖兵少，乃与夏侯惇等诣扬州募兵，刺史陈温、丹杨太守周昕与兵四千余人。还到龙亢，士卒多叛。至铚、建平，复收兵得千余人，进屯河内。

【注释】

①轘：读huán。

【译文】

二月，董卓得知诸侯起兵讨伐自己，于是迫使天子迁都长安，他自己则留驻洛阳，烧毁了洛阳宫室。

此时，袁绍屯兵河内，张邈、刘岱、桥瑁、袁遗屯兵酸枣，袁术屯兵南阳，孔伷屯兵颍川，韩馥屯兵邺城。董卓兵强，袁绍等人谁都不敢率先进兵。曹操见状，说：“我们举义兵诛除暴乱，如今大兵已经聚合，各位还有什么可犹豫的？若是以前，董卓听到崤山、函谷关以东的诸侯向西讨伐他，还可以倚重王室，据守东周和西周的都城——洛阳这一险要之地，向东抵御我们。虽然他师出无名，可还算是个强敌。但现在不一样了，他焚烧了宫室，劫持了天子，又迁徙了都城，海内为之震动，早已失去民心。这正是天亡董卓的时候，我们一战就可以安定天下，不能失去这个良机啊！”于是引兵西进，要据守成皋。张邈分出一部分兵力，派遣部将卫兹率军跟随曹操西进。

曹操大军到荥阳汴水时，遭遇董卓手下将领徐荣，结果曹操交战不利，兵士伤亡很多，而且曹操被乱飞的箭射中，他所骑的马也受了伤。曹操的堂弟曹洪见状，把自己的马给了曹操，曹操这才得以趁着黑夜逃离。徐荣见曹操率领的兵士虽然少，但战斗力很强，觉得酸枣一时也攻不下来，便引兵回去了。

曹操到了酸枣，见各路军兵聚集了十几万人，可每天都是饮酒集会，从不图谋进取，不禁指责了他们，然后献计说：“各位，请听我的计划，现在应该由勃海太守袁绍带着河内的兵去孟津；酸枣则由张邈、刘岱、桥瑁、袁遗等军队驻扎，他们可驻守成皋，占据敖仓，封锁轘辕关、太谷关，从而完全控制各处险要之地；然后由袁术将军率领南阳兵众，攻丹水、析州，入武关，以震慑治理京城的官员们。不过，各路军士不要出战，而是做高垒深壁状。要多设疑兵，表明天下形势，造成各地豪杰联合围攻董卓的局面，这样可以顺应民意，激励天下人一同诛讨逆贼。如果按照我说的做，就能立刻扭转局面。目前各军已经仗义起事，却抱着犹豫的态度不前进，难道不令天下人大失所望吗？我私下里实在为各位感到羞耻！”虽然曹操这话说得很重，也大义凛然，然而张邈等人还是不肯采用曹操的计划。

此时，曹操感觉自己的兵太少，便和夏侯惇等人到扬州去募兵。扬州刺史陈温、丹杨太守周昕很欣赏曹操，便拨出兵众四千余人给曹操。曹操带着兵回来，行进到龙亢时，这些士卒却有很多叛乱了。等到了铚、建平二地，曹操又收了兵士千余人，于是进兵，屯于河内。

【原文】

三年春，太祖军顿丘，毒等攻东武阳。太祖乃引兵西入山，攻毒等本屯。毒闻之，弃武阳还。太祖要击眭[①]固，又击匈奴於夫罗于内黄，皆大破之。

夏四月，司徒王允与吕布共杀卓。卓将李傕[②]、郭汜[③]等杀允攻布，布败，东出武关。傕等擅朝政。

袁术与绍有隙，术求援于公孙瓒，瓒使刘备屯高唐，单经屯平原，陶谦屯发干，以逼绍。太祖与绍会击，皆破之。

四年春，军鄄城。荆州牧刘表断术粮道，术引军入陈留，屯封丘，黑山余贼及於夫罗等佐之。

术使将刘详屯匡亭。太祖击详，术救之，与战，大破之。术退保封丘，遂围之，未合，术走襄邑，追到太寿，决渠水灌城。走宁陵，又追之，走九江。夏，太祖还军定陶。

下邳阙宣聚众数千人，自称天子；徐州牧陶谦与共举兵，取泰山华、费，略任城。秋，太祖征陶谦，下十余城，谦守城不敢出。

是岁，孙策受袁术使渡江，数年间遂有江东。

兴平元年春，太祖自徐州还，初，太祖父嵩，去官后还谯，董卓之乱，避难琅邪，为陶谦所害，故太祖志在复仇东伐。夏，使荀彧、程昱守鄄城，复征陶谦，拔五城，遂略地至东海。还过郯，谦将曹豹与刘备屯郯东，要太祖。太祖击破之，遂攻拔襄贲，所过多所残戮。

【注释】

①眭：读suī。②傕：读jué。③汜：读sì。

【译文】

初平三年春，曹操军队驻屯顿丘县，黑山贼于毒等人攻打东武阳县。曹操便率兵向西入山，攻打于毒等人的根据地。于毒得到消息，放弃了对东武阳县的进攻，回到山中的聚集地。之后，曹操拦截突击眭固贼部，又在内黄攻击了匈奴首领於夫罗，都大破敌众。

四月，司徒王允与吕布同谋，杀死了董卓。董卓的部将李傕、郭汜等人后来又杀了王允，攻击了吕布。吕布战败逃走，退出武关，向东而行。李傕等人掌握了大权，专擅朝政。

袁术与袁绍早就不合。袁术向公孙瓒求援，公孙瓒接受，派刘备屯兵于高唐县，单经屯兵于平原县，陶谦屯兵于发干县，用来牵制、威逼袁绍。曹操与袁绍联合，共同举兵攻击各个据点，各地都被曹袁联军击破。

初平四年春，袁术进军鄄城，荆州牧刘表发兵截断了袁术的粮道。于是，袁术引兵进入陈留郡，屯兵在封丘县。驻扎在黑山的黄巾军余部和匈奴首领於夫罗等人派兵前来协助袁术。

袁术使部将刘详屯兵在匡亭。曹操带兵攻打刘详。袁术听到消息后，带兵救刘详，与曹操兵交战，曹操兵大破袁术兵。袁术战败，退守封丘县，曹操带兵围攻袁术，在军队还没有形成合围之势时，袁术乘隙逃走，奔向了襄邑县。曹操带兵追到了太寿，挖开河渠堤坝，用大水灌城。袁术不得不再次奔逃，大军开往宁陵，曹操又带兵去追，袁术败走九江。夏天的时候，曹操带军回到了定陶。

下邳人阙宣，聚众数千人，自立为天子。徐州牧陶谦与阙宣共同举兵，打下了泰山郡的华县、费县，继而攻下了任城。秋天的时候，曹操带兵攻打陶谦，接连打下十余座城池。陶谦不敢迎战，守城不出。

这一年，孙策接受袁术派遣，带兵南下，渡过长江，几年之间就拥有了江东的大部分地盘。

汉献帝兴平元年，曹操征讨徐州牧陶谦归来。从前，曹操的父亲曹嵩辞去官职，准备回谯郡养老。当时正是董卓作乱的时候，曹嵩便从琅邪归乡，以躲避战乱，没想到路上却被陶谦所害。所以，曹操攻打陶谦，不仅是为争夺土地，更是为了报仇。夏天的时候，曹操命令荀彧、程昱二人驻守鄄城，再次出兵攻打陶谦。曹操接连攻下五城，得到了很多土地，一直打到东海郡。曹操大军归乡时，路过郯县，当时陶谦的部将曹豹和刘备屯驻在郯县以东，二人出兵拦截曹操的军队。曹操打败了曹豹、刘备，又攻下襄贲县。曹操大军在经过之地，杀了很多人。

【原文】

会张邈与陈宫叛迎吕布，郡县皆应。荀彧、程昱保鄄城，范、东阿二县固守，太祖乃引军还。

布到，攻鄄城不能下，西屯濮[1]阳。太祖曰：“布一旦得一州，不能据东平，断亢父、泰山之道，乘险要我，而乃屯濮阳，吾知其无能为也。”遂进军攻之。布出兵战，先以骑犯青州兵。

青州兵奔，太祖陈[2]乱，驰突火出，坠马，烧左手掌。司马楼异扶太祖上马，遂引去。未至营止，诸将未与太祖相见，皆怖。太祖乃自力劳军，令军中促为攻具，进复攻之，与布相守百余日。蝗虫起，百姓大饿，布粮食亦尽，各引去。

秋九月，太祖还鄄城。布到乘氏，为其县人李进所破，东屯山阳。于是绍使人说太祖，欲连和。太祖新失兖州，军食尽，将许之。程昱止太祖，太祖从之。冬十月，太祖至东阿。

是岁谷一斛[3]五十余万钱，人相食，乃罢吏兵新募者。陶谦死，刘备代之。

二年春，袭定陶。济阴太守吴资保南城，未拔。会吕布至，又击破之。夏，布将薛兰、李封屯钜野，太祖攻之，布救兰，兰败，布走，遂斩兰等。布复从东缗[4]与陈宫将万余人来战，时太祖兵少，设伏，纵奇兵击，大破之。布夜走，太祖复攻，拔定陶，分兵平诸县。布东奔刘备，张邈从布，使其弟超将家属保雍丘。秋八月，围雍丘。冬十月，天子拜太祖兖州牧。十二月，雍丘溃，超自杀，夷邈三族。邈诣袁术请救，为其众所杀，兖州平，遂东略陈地。

【注释】

①濮：读pú。②陈：通“阵”，指军阵。③斛：读hú，一种计量单位，一斛本为十斗，后来改为五斗。④缗：读mín。

【译文】

正在这时，张邈和陈宫二人背叛了曹操，开城迎接吕布，一时之间，许多郡县都积极响应。曹操的部下荀彧、程昱二人固守在范县和东阿县，保卫着鄄城，很是艰苦。曹操见情势危急，便率部回兵。

吕布进攻鄄城，久久不能攻下，于是向西移兵，驻屯濮阳。曹操说："吕布一天之内就得到了一个州，却没有占据东平县，也没有切断亢父和泰山的道路，从而凭借险要拦截我军，而是屯兵在濮阳。由这一点，我就看出了吕布的无能！"于是进兵攻打吕布。吕布带兵迎战，用骑兵攻击曹操的青州兵。

青州兵战败，四处奔逃，曹操兵阵顿时一片混乱。这时，曹操见军中火起，便骑马从火中向外突围，结果坠马，左手掌被火烧了。司马楼异见状，立刻扶曹操上马，这样曹操才得以逃出。曹操回营之前，诸将都十分担心。曹操回来以后亲自巡营劳军，同时命人加速制造进攻工具，以便再次攻打吕布。就这样，曹操与吕布一直相持不下，一百多天过去了，始终不分胜负。后来，闹起了蝗灾，天下陷入大饥馑。吕布的粮食也吃得差不多了，于是双方各自退兵。

九月，曹操回到鄄城。吕布则带兵到了乘氏县，结果被乘氏县人李进打败，于是带兵东进，驻屯在山阳郡。袁绍派遣使者，游说曹操，想要和曹操联合。此时曹操刚刚丢了兖州，再加上军中粮食已尽，便打算答应与袁绍联合。然而，程昱劝曹操不要联合袁绍，曹操听从了程昱的建议，没有与袁绍联合。十月，曹操到达东阿县。

这一年，稻谷的价钱涨到每斛五十多万钱，甚至出现了人吃人的惨剧，于是各部都停止了招募新兵。同年，陶谦去世，刘备代替陶谦当上了徐州牧。

兴平二年春天，曹操带兵袭击定陶。济阴太守吴资死守南城，曹操未能攻下。这时，吕布带兵赶到，曹操打败了吕布的军队。夏天时候，吕布手下薛兰、李封屯兵在钜野，曹操攻击了薛兰的军队，吕布得到消息后，火速带兵去救薛兰。结果薛兰战败，吕布退兵。曹操杀了薛兰等人。吕布又从东缗与陈宫会合，率领一万多军队来寻战。当时曹操兵少，于是采用奇计，设兵埋伏，用奇兵攻击吕布，大破吕布军队。吕布战败，乘夜逃走，曹操带兵追击，打下了定陶，之后分兵攻下各县。吕布向东逃走，归顺在了徐州刘备麾下。张邈追随吕布而去，派弟弟张超带着家属，保守雍丘。秋八月，曹操带兵围住了雍丘。冬十月，天子汉献帝封曹操为兖州牧。十二月，雍丘被曹操攻下，张超自杀。曹操杀尽了张邈三族。张邈听闻消息后，向袁术处求救，结果中途被他自己的乱兵所杀，至此，兖州完全平定，曹操便领兵向东攻略阵地。

【原文】

是岁，长安乱，天子东迁，败于曹阳，渡河幸安邑。

建安元年春正月，太祖军临武平，袁术所置陈相袁嗣降。

太祖将迎天子，诸将或疑，荀彧、程昱劝之，乃遣曹洪将兵西迎，卫将军董承与袁术将苌[①]奴拒险，洪不得进。

汝南、颍川黄巾何仪、刘辟、黄邵、何曼等，众各数万，初应袁术，又附孙坚。二月，太祖进军讨破之，斩辟、邵等，仪及其众皆降。天子拜太祖建德将军，夏六月，迁镇东将军，封费亭侯。秋七月，杨奉、韩暹[②]以天子还洛阳，奉别屯梁。太祖遂至洛阳，卫京都，暹遁走。天子假太祖节钺[③]，录尚书事。洛阳残破，董昭等劝太祖都许。九月，车驾出轘辕而东，以太祖为大将军，封武平侯。自天子西迁，朝廷日乱，至是宗庙社稷制度始立。

天子之东也，奉自梁欲要之，不及。冬十月，公征奉，奉南奔袁术，遂攻其梁屯，拔之。于是以袁绍为太尉，绍耻班在公下，不肯受。公乃固辞，以大将军让绍。天子拜公司空，行车骑将军。是岁用枣祗、韩浩等议，始兴屯田。

【注释】

①苌：读cháng。②暹：读xiān。③钺：读yuè。

【译文】

这一年，长安大乱，汉献帝被迫东迁，结果中途遭李傕、郭汜之乱，王师大败于曹阳，无奈，只好渡黄河，王辇车驾去了安邑。

献帝建安元年，春正月，曹操领兵来到武平，驻扎在当地由袁术所置的陈相袁嗣，向曹操投降。

曹操想去迎接天子，手下诸将有的觉得不妥，而荀彧、程昱二人劝曹操去迎天子。于是曹操派遣曹洪领兵，向西行进，迎接汉献帝。卫将军董承和袁术的部将苌奴二人，领兵于险要之处拦阻曹洪。曹洪兵无法继续前进。

汝南、颍川两地的残余黄巾军将领何仪、刘辟、黄邵、何曼等人，各有兵众数万，他们先响应袁术，后来又依附于孙坚。二月时候，曹操出兵讨伐，大破黄巾军，并斩了刘辟、黄邵等，何仪和他的兵众则投降了曹操。汉献帝封曹操为建德将军。夏天六月，升为镇东将军，封费亭侯。秋天七月，杨奉、韩暹随天子回到洛阳。杨奉屯兵于梁县。曹操来到洛阳，守卫京都，韩暹逃走。汉献帝授曹操符节和斧钺，行使尚书职务。洛阳遭遇劫掠后，早已残败不堪，董昭等人劝曹操迁都许昌。九月时，曹操护送天子车驾出轘辕关向东而行。天子授曹操为大将军，封武平侯。自从汉献帝西迁，朝廷事务日益纷乱，至此，祭祀祖先、土神和谷神的制度，才算重新建立起来。

此次天子东行，杨奉本想从梁县拦截车驾，但没来得及。冬天十月，曹操引兵征讨杨奉，杨奉不敌，南奔去投袁术。于是，曹操便攻打杨奉在梁县的驻地，获胜。汉献帝任命袁绍为太尉。结果袁绍耻于职位在曹操之下，坚决不肯接受。曹操见状，执意辞去大将军，将大将军位让给了袁绍。汉献帝授曹操为司空，同时代理车骑将军。这一年，曹操采用枣祗、韩浩等人的建议，开始实行屯田制度。

【原文】

吕布袭刘备，取下邳。备来奔。程昱说公曰："观刘备有雄才而甚得众心，终不为人下，不如早图之。"公曰："方今收英雄时也，杀一人而失天下之心，不可。"

张济自关中走南阳。济死，从子绣领其众。二年春正月，公到宛。张绣降，既而悔之，复反。

公与战，军败，为流矢所中，长子昂、弟子安民遇害。公乃引兵还舞阴，绣将骑来钞，公击破之。绣奔穰，与刘表合。公谓诸将曰："吾降张绣等，失不便取其质，以至于此。吾知所以败。诸卿观之，自今已后不复败矣。"遂还许。

袁术欲称帝于淮南，使人告吕布。布收其使，上其书。术怒，攻布，为布所破。秋九月，术侵陈，公东征之。术闻公自来，弃军走，留其将桥蕤[①]、李丰、梁纲、乐就；公到，击破蕤等，皆斩之。术走渡淮。公还许。

公之自舞阴还也，南阳、章陵诸县复叛为绣，公遣曹洪击之，不利，还屯叶，数为绣、表所侵。冬十一月，公自南征，至宛。表将邓济据湖阳。攻拔之，生擒济，湖阳降。攻舞阴，下之。

三年春正月，公还许，初置军师祭酒。三月，公围张绣于穰。夏五月，刘表遣兵救绣，以绝军后。公将引还，绣兵来追，公军不得进，连营稍前。公与荀彧书曰："贼来追吾，虽日行数里，吾策之，到安众，破绣必矣。”到安众，绣与表兵合守险，公军前后受敌。公乃夜凿险为地道，悉过辎重，设奇兵。会明，贼谓公为遁也，悉军来追。乃纵奇兵步骑夹攻，大破之。秋七月，公还许。荀彧问公：“前以策贼必破，何也？”公曰：“虏遏吾归师，而与吾死地战，吾是以知胜矣。”

【注释】

①蕤：读ruí。

【译文】

吕布偷袭刘备，夺取了下邳。刘备投奔曹操。程昱对曹操说：“依我看来，刘备有雄才，而且又很得民心，应该不会总是居于人下，不如趁早把他除掉。”曹操说：“如今我们正在收揽天下英雄，杀一个人而失天下人之心，不可以！”

张济从关中逃至南阳。张济死后，他的侄子张绣做了其部众的首领。建安二年春正月，曹操领兵来到宛城。张绣出门请降。结果，不久张绣又反悔，再次叛反。

曹操与张绣交战，结果战败，且被飞来的乱箭射中。曹操长子曹昂、侄子曹安民，都在这一战中遇害。曹操便领兵回了舞阴。张绣带骑兵来攻曹操，结果被曹操击败。张绣逃到穰县，与刘表会合。曹操对手下诸将说：“我收降张绣等人后，错在没有乘便取得其家人为人质，所以才招致失败。如今我已经知道了这一次失败的原因。各位尽管看着，从今以后，我不会再有同样的失败了。”便引兵回到许昌。

袁术想在淮南称帝，派人告诉了吕布。结果吕布收押了袁术的使者，并将袁术的书信和信使送到了许昌。袁术大怒，带兵去攻打吕布，结果被吕布击败。秋天九月，袁术带兵进攻陈州。曹操亲自带兵东征袁术。袁术知道曹操亲自带兵前来，弃军而逃，留下部将桥蕤、李丰、梁纲、乐就等守卫阵地。曹操兵到之后，击败了桥蕤等人，把他们全都斩杀。袁术逃走，渡过了淮河。曹操则班师回了许昌。

曹操从舞阴回许昌之后，南阳、章陵各县又叛反归顺了张绣。曹操派曹洪去打他们，结果未能取胜，只好撤兵驻屯在叶县，多次被张绣、刘表部队侵扰。冬十一月，曹操亲自南征，来到了宛城。刘表部将邓济，据守湖阳县。曹操攻克湖阳，生擒了邓济，湖阳守军投降。又去攻打舞阴，并一举攻克。

建安三年春正月，曹操班师回许昌，并开始置军师祭酒之职。三月，曹操领兵在穰县包围了张绣。五月，刘表派兵来救张绣。刘表截断了曹军后退之路，曹操想要带兵退还。张绣领兵来追击曹操，曹操军因有刘表军拦截，不能快速撤退，只好缓慢前行。曹操给荀彧写信说："敌人前来追赶我，虽然我军每日只能行进数里，但我预料，只要到了安众县，我就一定可以击破张绣。"曹操行军到安众后，张绣和刘表两军合兵一处，固守险要，曹军前后受敌。曹操便派人于夜间在险要地方开凿地道，将军用物资全部运走，又设置了埋伏的奇兵。天要亮的时候，张绣、刘表以为曹操已逃走，便派出全部军队追击。曹操便出动奇兵，两面夹击，大破敌兵。秋七月，曹操回到许昌。荀彧问他："你之前预料说必然能够战胜敌人，为什么？"曹操答："敌军阻遏我撤退的军队，且与我们这样已经陷入死地的军队作战，我就知道赢的必然是我们。"

【原文】

吕布复为袁术使高顺攻刘备，公遣夏侯惇救之，不利。备为顺所败。九月，公东征布。冬十月，屠彭城，获其相侯谐。进至下邳，布自将骑逆击。大破之，获其骁将成廉。追至城下，布恐，欲降。陈宫等沮其计，求救于术，劝布出战，战又败，乃还固守，攻之不下。时公连战，士卒罢，欲还，用荀攸、郭嘉计，遂决泗、沂水以灌城。月余，布将宋宪、魏续等执陈宫，举城降，生禽布、宫，皆杀之。太山臧霸、孙观、吴敦、尹礼、昌豨[①]各聚众。布之破刘备也，霸等悉从布。布败，获霸等，公厚纳待，遂割青、徐二州附于海以委焉。

是时袁绍既并公孙瓒，兼四州之地，众十余万，将进军攻许。诸将以为不可敌，公曰："吾知绍之为人，志大而智小，色厉而胆薄，忌克而少威，兵多而分画不明，将骄而政令不一，土地虽广，粮食虽丰，适足以为吾奉也。"秋八月，公进军黎阳，使臧霸等入青州破齐、北海、东安，留于禁屯河上。九月，公还许，分兵守官渡。冬十一月，张绣率众降，封列侯。

十二月，公军官渡。

袁术自败于陈，稍困，袁谭自青州遣迎之。术欲从下邳北过，公遣刘备、朱灵要之。会术病死。程昱、郭嘉闻公遣备，言于公曰："刘备不可纵。"公悔，追之不及。备之未东也，阴与董承等谋反，至下邳，遂杀徐州刺史车胄[②]，举兵屯沛。遣刘岱、王忠击之，不克。

【注释】

①豨：读xī。②胄：读zhòu。

【译文】

吕布又应袁术的请求，派部将高顺攻打刘备。曹操得到消息后，派夏侯惇领兵去救刘备，结果失利，刘备被高顺击败。九月，曹操带兵东征吕布。冬天十月，攻破了彭城，俘虏了彭城相侯谐。接着曹操进军下邳。吕布亲自率骑兵迎击曹操。曹军大破吕布军队，擒获了吕布手下大将成廉。曹操乘胜追到城下。吕布大慌，想要投降。陈宫等人出来劝阻，要吕布求救于袁术，并劝吕布出城迎战。结果吕布又败，于是回兵固守。曹兵屡次攻城，都没能攻下。这时曹操部队由于连连作战，士卒早已疲弊，于是曹操想要回军，便采用荀攸和郭嘉的计策，掘开泗水和沂水，利用河水淹了下邳城。一个多月后，吕布的手下宋宪、魏续等人绑了陈宫，开城投降。曹操活捉了吕布、陈宫，并将他们全部杀掉。太山的臧霸、孙观、吴敦、尹礼、昌豨，各自有一千兵众。吕布攻破刘备时，臧霸等人都投降了吕布。等到吕布战败，曹操擒获了臧霸等人，接纳并厚待他们，又割青州、徐州等地区，委派臧霸等人看守。

当时，袁绍已经兼并了公孙瓒，掌握了四个州的地方，手下有十多万兵众，准备进攻许都。曹操部下诸将觉得袁绍强大，不可抵挡。曹操却说："我知道袁绍的为人，志大才疏，色厉内荏，嫉妒贤能，又缺少威信，他的兵虽多，却不能清晰组织，良好指挥；他虽然部下有猛将，却不会使用。他手握众土，量产丰富，正好作为送我们的礼物！"八月，曹操进军黎阳，派臧霸等人领兵进入青州，击破了齐、北海、东安等地，留下于禁屯兵在河上。九月，曹操回许昌，分兵驻守官渡。十一月，张绣率领部下来降，曹操封张绣为列侯。

十二月，曹操带军进驻官渡。

袁术自从在陈县战败之后，逐渐陷入困境。袁谭从青州派人迎接袁术。袁术想要从下邳北上，曹操派遣刘备、朱灵二人去截击他。就在这时，袁术突然病死。程昱、郭嘉听说曹操派刘备去拦截袁术，对曹操说："刘备不可以放走！"曹操也感觉后悔，不过已来不及追赶了。刘备在这次被派遣之前，就与董承等人合谋要诛除曹操。因此，刘备到了下邳，便杀了徐州刺史车胄，将兵屯驻在沛县。曹操派刘岱、王忠二人去攻打刘备，未能取胜。

【原文】

五年春正月，董承等谋泄，皆伏诛。公将自东征备，诸将皆曰：“与公争天下者，袁绍也。今绍方来而弃之东，绍乘人后，若何？”公曰：“夫刘备，人杰也，今不击，必为后患。袁绍虽有大志，而见事迟，必不动也。”郭嘉亦劝公，遂东击备，破之，生禽①其将夏侯博。

备走奔绍，获其妻子。备将关羽屯下邳，复进攻之，羽降。昌豨叛为备，又攻破之。公还官渡，绍卒不出。

二月，绍遣郭图、淳于琼、颜良攻东郡太守刘延于白马，绍引兵至黎阳，将渡河。夏四月，公北救延。荀攸说公曰：“今兵少不敌，分其势乃可。公到延津，若将渡兵向其后者，绍必西应之，然后轻兵袭白马，掩其不备，颜良可禽也。”公从之。绍闻兵渡，即分兵西应之。

公乃引军兼行趣白马，未至十余里，良大惊，来逆战。使张辽、关羽前登，击破，斩良。遂解白马围，徙其民，循河而西。绍于是渡河追公军，至延津南。公勒兵驻营南阪下，使登垒望之，曰；“可五六百骑。”有顷，复白：“骑稍多，步兵不可胜数。”公曰：“勿复白。”

乃令骑解鞍放马。是时，白马辎重就道。诸将以为敌骑多，不如还保营。荀攸曰：“此所以饵敌，如何去之！”绍骑将文丑与刘备将五六千骑前后至。诸将复白：“可上马。”公曰：“未也。”有顷，骑至稍多，或分趣辎重。公曰：“可矣。”乃皆上马。时骑不满六百，遂纵兵击，大破之，斩丑。良、丑皆绍名将也，再战，悉禽，绍军大震。公还军官渡。绍进保阳武。关羽亡归刘备。

【注释】

①禽：通“擒”，捉拿、拿获之意。

【译文】

建安五年，春正月，董承等人欲谋杀曹操的秘密被泄露，同谋人都被杀。曹操要亲自向东攻打刘备，诸将都劝说他：“与您争天下的人，是袁绍。如今袁绍正要来打我们，而您弃袁绍于不顾，要东征刘备，如果袁绍乘虚而入，从背后攻打我们，将如何应付？”曹操说：“刘备是人中豪杰，此时不消灭他，他日必为后患。袁绍虽有大志，但遇事迟疑，必然不会动兵的。”郭嘉也劝曹操先攻刘备，于是曹操出兵攻击刘备。曹操打败了刘备军队，并生擒刘备部将夏侯博。

刘备败逃，投奔袁绍，曹操擒获了刘备的妻子儿女。刘备部将关羽屯兵在下邳，曹操进兵攻打下邳，关羽战败投降。昌豨为追随刘备，叛变于曹操，曹操攻破了昌豨。曹操带兵回到官渡，袁绍果然如曹操所料，没有乘隙出兵。

二月，袁绍派郭图、淳于琼、颜良，于白马地方攻打东郡太守刘延。袁绍则亲自带兵进驻到了黎阳，想要渡黄河。夏天四月，曹操亲自领兵去救刘延。荀攸劝曹操说：“如今我们兵少，根本不是袁绍的对手，只有分散敌方的势力，才可以与袁绍一战。您可以去延津，假装要渡河去攻袁绍背后的架势，袁绍见了，一定会带兵向西应对我们。然后我们可以用轻兵突袭白马，乘其不备，这样颜良就能被我们擒获了。”曹操听从了荀攸的计策。袁绍听说曹兵要渡河，果然分兵向西去应战。

曹操便带兵快速奔袭白马，到距离白马十余里之处时，颜良才知道消息，不禁大惊，急忙领兵前来迎战。曹操派张辽、关羽为先锋，大败颜良，关羽斩了颜良首级。于是，白马之围立解。曹操命令当地的居民沿黄河而向西迁徙。袁绍渡黄河追击曹军，来到了延津之南。曹操叫停兵马，于南面的山坡扎营，并派人登垒上远望袁军。瞭望员报告说："大约五六百骑兵向我军而来。"又过了一会儿，报说："骑兵增多了，步兵多到数不清数目。"曹操说："不要再报了！"

便下令，骑兵都解下马鞍，放开战马。这时，从白马出发的运送军用物资的车辆已经上路了。曹操部下将领们认为敌方骑兵太多，不如回营防守。荀攸却说："这些军用物资，正是可以引诱敌人的钓饵，怎能丢弃？"袁绍的骑兵将军文丑，与刘备二人率领五六千骑兵先后赶到。曹操部将向曹操报信，说："可以上马迎战了。"曹操说："还不行。"过了一会儿，敌军骑兵来得越来越多，其中有些奔向了军用物资。这时，曹操下令说："可以上马了！"众将便都上马迎战，当时敌骑到来的一共不满六百，曹操便纵兵击敌，大破敌兵，并斩了文丑。颜良和文丑都是袁绍手下的名将，结果两次战争都被擒获，袁绍手下士卒感到不安。曹操带兵回到到官渡。袁绍军进驻到了阳武。关羽不辞而别，离开去找刘备了。

【原文】

八月，绍连营稍前，依沙埴为屯，东西数十里。公亦分营与相当，合战不利。时公兵不满万，伤者十二三。绍复进临官渡，起土山地道。公亦于内作之，以相应。绍射营中，矢如雨下，行者皆蒙楯，众大惧，时公粮少，与荀彧书，议欲还许。彧以为："绍悉众聚官渡，欲与公决胜败。公以至弱当至强，若不能制，必为所乘，是天下之大机也。且绍，布衣之雄耳，能聚人而不能用。夫以公之神武明哲而辅以大顺，何向而不济！"公从之。

孙策闻公与绍相持，乃谋袭许，未发，为刺客所杀。

汝南降贼刘辟等叛应绍，略许下。绍使刘备助辟，公使曹仁击破之。备走，遂破辟屯。

袁绍运谷车数千乘至，公用荀攸计，遣徐晃、史涣邀击，大破之，尽烧其车。公与绍相拒连月，虽比战斩将，然众少粮尽，士卒疲乏，公谓运者曰："却十五日为汝破绍，不复劳汝矣。"

冬十月，绍遣车运谷，使淳于琼等五人将兵万余人送之，宿绍营北四十里。绍谋臣许攸贪财，绍不能足，来奔，因说公击琼等。左右疑之，荀攸、贾诩劝公。公乃留曹洪守，自将步骑五千人夜往，会明至。琼等望见公兵少，出陈门外。公急击之，琼退保营，遂攻之。绍遣骑救琼。左右或言"贼骑稍近，请分兵拒之"。公怒曰："贼在背后，乃白！"士卒皆殊死战，大破琼等，皆斩之。绍初闻公之击琼，谓长子谭曰："就彼攻琼等，吾攻拔其营，彼固无所归矣！"乃使张郃、高览攻曹洪。郃等闻琼破，遂来降。绍众大溃，绍及谭弃军走，渡河。

追之不及，尽收其辎重图书珍宝，虏其众。公收绍书中，得许下及军中人书，皆焚之。冀州诸郡多举城邑降者。

【译文】

八月，袁绍连营向前推进少许，之后依沙堆为屏障屯兵，东西连营达数十里。曹操也分地作为营垒，与袁军相对。两军对战不断，曹军屡屡失利。那时曹兵不满万人，而受伤者有十分之二三。袁绍又进兵逼近官渡，并堆起土山，且不断挖掘地道。曹操见状，也在官渡内作土山与地道，以抵挡袁兵进攻。袁绍又令士兵向曹操营中射箭，乱箭飞射如雨。曹营中人行走时都需要用盾遮挡身体，一时间，曹营中人心惶惶。此时曹营中粮食也快要用完，曹操写信给荀彧，跟他商量是否应退回许昌。荀彧回信说："袁绍本次倾巢而来，聚在官渡，摆明是要一决雌雄了。您以极弱之兵，抵挡极强之兵，如果不能制伏袁绍，就必然被袁绍所制伏。依目前情形看，是天下之势发生转变的重大时机，也是成败的关键时刻。而且，袁绍不过是比平常人稍微出色些而已，他能聚集人才却不能好好加以使用。以您的神武聪慧，加上一群良将良相的辅佐，何事不成？”曹操听从了荀彧的建议。

孙策听说曹操与袁绍相持不下，便谋划秘密袭击许昌。结果计划还未实施，孙策就被刺客刺杀了。

汝南投降的黄巾军首领刘辟等人，叛变归了袁绍，出兵攻打许昌。袁绍派刘备领兵协助刘辟。曹操派曹仁领兵击打刘辟。刘辟兵败，刘备逃走，刘辟的屯兵被瓦解。

袁绍的运粮车数千辆，从袁绍老巢往官渡袁营运粮。曹操采用荀攸的计策，派徐晃、史涣在路上拦击车队，结果大获全胜，将粮车全部烧毁。曹操与袁绍相持约两个月，虽然斩了袁绍的几个重要将领，但因为曹军人少而又缺粮，因此士卒疲乏。曹操对运粮的人说：“再过十五天，我就能击破袁绍，那时你们就不用再劳劳碌碌地运粮了。”

冬天十月，袁绍派遣车辆运粮食，并派淳于琼等五人领兵一万余保送粮车。粮车驻扎在距离袁绍大营北四十里的地方。袁绍的谋臣许攸，极为贪财，他在袁绍手下无法满足财欲。于是，许攸投奔曹操，并劝曹操出兵攻击淳于琼等人的驻扎处。曹操的手下们怀疑许攸，但荀攸和贾诩劝曹操听从许攸计策，攻击淳于琼。曹操便留下曹洪守营，自己带领骑兵步兵共五千人，乘夜袭击淳于琼，天快亮时，曹军到达淳于营地。淳于琼等人见曹操兵少，便布阵于营门外，迎击曹操。曹军发起了猛攻，淳于琼退回营地防守，曹操带兵继续进攻。袁绍听到消息，马上派骑兵去救淳于琼。曹操身边有人劝他说：“敌

人的援兵要到了，我们分兵对抗吧！”曹操发怒说：“他们到我背后时再向我报告！”于是士卒们都拼命作战，大破淳于琼，杀了淳于琼和他的部将。袁绍在刚听到曹操攻击淳于琼的消息时，对长子袁谭说：“现在曹操正在攻打淳于琼，我们可以乘机攻取他的大营，这样他便无家可归了。”便派张郃、高览领兵攻曹洪。张郃等人走到中途，听说淳于琼已经被攻破的消息，便归降了曹操。袁绍军队因而大溃，袁绍和袁谭抛弃大军逃走，渡黄河逃往老家。

曹操追袁绍不及，获得袁军全部军用物资图书珍宝无数，俘获全部袁军。曹操获得袁绍遗下的书信，发现其中有些是许昌和自己军中之人暗中写给袁绍的信件。曹操没有打开，而是全部烧掉了。冀州的大多数城邑都投降了曹操。

【原文】

六年夏四月，扬兵河上，击绍仓亭军，破之。绍归，复收散卒，攻定诸叛郡县。九月，公还许。绍之未破也，使刘备略汝南，汝南贼共都等应之。遣蔡扬击都，不利，为都所破。公南征备。备闻公自行，走奔刘表，都等皆散。

绍自军破后，发病欧[①]血，夏五月死。小子尚代，谭自号车骑将军，屯黎阳。秋九月，公征之，连战。谭、尚数败退，固守。

八年春三月，攻其郭，乃出战，击，大破之，谭、尚夜遁。夏四月，进军邺。五月还许，留贾信屯黎阳。

八月，公征刘表，军西平。公之去邺而南也，谭、尚争冀州，谭为尚所败，走保平原。尚攻之急，谭遣辛毗乞降请救。诸将皆疑，荀攸劝公许之，公乃引军还。冬十月，到黎阳，为子整与谭结婚。尚闻公北，乃释平原还邺。东平吕旷、吕翔叛尚，屯阳平，率其众降，封为列侯。

九年春正月，济河，遏淇水入白沟以通粮道。二月，尚复攻谭，留苏由、审配守邺。公进军到洹水，由降。既至，攻邺，为土山、地道。武安长尹楷屯毛城，通上党粮道。夏四月，留曹洪攻邺，公自将击楷，破之而还。尚将沮鹄守邯郸，又击拔之。易阳令韩范、涉长梁岐举县降，赐爵关内侯。五月，毁土山、地道，作围堑，决漳水灌城；城中饿死者过半。秋七月，尚还救邺，诸将皆以为“此归师，人自为战，不如避之”。公曰：“尚从大道来，当避之；若循西山来者，此成禽耳。”尚果循西山来，临滏水为营。夜遣兵犯围，公逆击破走之，遂围其营。未合，尚惧，遣故豫州刺史阴夔②及陈琳乞降，公不许，为围益急。尚夜遁，保祁山，追击之。其将马延、张顗③等临陈降，众大溃，尚走中山。尽获其辎重，得尚印绶节钺，使尚降人示其家，城中崩沮。八月，审配兄子荣夜开所守城东门内兵。配逆战，败，生禽配，斩之，邺定。公临祀绍墓，哭之流涕；慰劳绍妻，还其家人宝物，赐杂缯絮，廪食之。

【注释】

①欧：通“呕”，吐的意思。②夔：读kuí。③顗：读yǐ。

【译文】

建安六年，夏四月，曹操举兵于河上，攻击袁绍在仓亭县的驻军，大获全胜。袁绍归来，又收集星散士卒，攻打各个叛离他的郡县，使各地又都安定下来。九月，曹操回到许昌。袁绍未被曹操打败之前，曾派刘备攻打汝南县，汝南的反贼共都等人，都积极响应刘备。曹操派蔡扬领兵击打共都，结果被共都击败。于是，曹操亲自带兵南征刘备。刘备听说曹操亲自领兵前来，便逃到刘表处，共都等人见状，全都四散逃去。

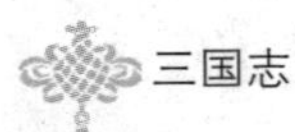

袁绍兵败以后，发病吐血。夏天五月，袁绍病重而死。小儿子袁尚承袭了父亲爵职，长子袁谭则自号为车骑将军，屯兵于黎阳。九月，曹操亲征他们。交战多日，袁谭、袁尚屡次失败，无奈退兵坚守，再不出战。

建安八年，春天三月，曹操攻打袁氏城郭，袁兵无法，出城迎战。曹兵进击，大破袁兵，袁谭、袁尚趁着黑夜逃走。四月，曹操进兵到邺城县。五月，曹操班师回许昌，留贾信屯兵黎阳。

八月，曹操亲自领兵征讨刘表，军队驻扎在西平县。这之前，即曹操离开邺城而南回许昌之后，袁谭、袁尚二人争夺冀州，袁谭被袁尚打败，逃到平原县城固守。袁尚进攻得特别厉害，袁谭无法，派辛毗向曹操投降，并请曹操出兵相救。诸将都怀疑其诚意，但荀攸劝曹操答应袁谭的请求。曹操便引兵北回。十月，曹操大军到达黎阳县，为儿子曹整聘娶袁谭的女儿。袁尚知到曹操北来，便撤回平原县的兵力，回了邺县。东平的吕旷、吕翔叛变袁尚，屯兵在阳平县，率领部下兵众归降曹操，二人被封为列侯。

建安九年，春正月，曹操率军过黄河，遏阻淇水进入白沟，以疏通运粮通道。二月，袁尚留苏由、审配等人守邺县，自己再次攻打袁谭。曹操进兵到洹水，苏由投降。大军到达后，便攻打邺城，垒土山，挖地道。袁尚的部属武安县县长尹楷，屯兵在毛城，以保持上党县的运粮通道道路畅通。四月，曹操留曹洪攻打邺县，自己领兵进攻尹楷，大胜而回。袁尚部将沮鹄，驻守邯郸县，曹操又亲自领兵攻破，夺下了邯郸县。易阳县令韩范，涉县县令梁岐，带兵投降，被赐爵关内侯。五月，攻邺城县的士兵毁去土山，填满地道。在城外挖掘围城水沟，之后决开漳河水灌城，城中人饿死的超过一半。七月，袁尚回兵救援邺城县，诸将都认为“这是归家的部队，人人都会拼死战斗，不如避其锋头”。曹操却说：“袁尚如果从大道来，应当避他，如果从西山的山路来，就会被我们所擒！”袁尚果然从西山的山路过来了，在滏水边上安营扎寨。夜里，袁尚派兵攻打曹军的围兵。曹军迎击，大败袁军，又包围了袁军大营。包围兵还没有合围的时候，袁尚害怕，派前豫州刺史阴夔和陈琳向曹操请降。曹操不准，并加急包围袁营。袁尚无奈，于夜间逃走，退回到祁山县固守。曹操继续追击袁尚，结果袁尚部将马延、张顗等临阵投降，袁军顿时大乱，袁尚逃往中山县。曹操斩获袁军全部物资，并得到了袁尚的印绶和节钺，并派投降的士兵将这些带给袁尚的家人看，一时间，城中人心崩溃，人人沮丧。八月，审配的侄子审荣，趁半夜打开了他所看守的城东门，接曹兵入城。审配迎战，被打败。曹操生擒审配，并将之斩首，邺城县自此平定。曹操亲自到袁绍墓前去祭祀，痛哭流涕，并安慰袁绍的妻子儿女，归还袁绍家人的财物，赐给他们很多丝织品和棉絮，同时命令当地衙门定时给袁绍家人发放粮食。

【原文】

公之围邺也，谭略取甘陵、安平、勃海、河间。尚败，还中山。谭攻之，尚奔故安，遂并其众。公遗谭书，责以负约，与之绝婚，女还，然后进军。谭惧，拔平原，走保南皮。十二月，公入平原，略定诸县。

十年春正月，攻谭，破之，斩谭，诛其妻子，冀州平。下令曰：“其与袁氏同恶者，与之更始。”令民不得复私仇，禁厚葬，皆一之于法。是月，袁熙大将焦触、张南等叛攻熙、尚，熙、尚奔三郡乌丸。触等举其县降，封为列侯。初讨谭时，民亡椎冰，令不得降。

顷之，亡民有诣门首者，公谓曰：“听汝则违令，杀汝则诛首，归深自藏，无为吏所获。”

民垂泣而去；后竟捕得。

初，袁绍以甥高幹领并州牧，公之拔邺，幹降，遂以为刺史。幹闻公讨乌丸，乃以州叛，执上党太守，举兵守壶关口。遣乐进、李典击之，幹还守壶关城。十一年春正月，公征幹。幹闻之，乃留其别将守城，走入匈奴，求救于单于，单于不受。公围壶关三月，拔之。幹遂走荆州，上洛都尉王琰捕斩之。

将北征三郡乌丸，诸将皆曰：“袁尚，亡虏耳，夷狄贪而无亲，岂能为尚用？今深入征之，刘备必说刘表以袭许。万一为变，事不可悔。”惟郭嘉策表必不能任备，劝公行。

尚、熙与蹋顿、辽西单于楼班、右北平单于能臣抵之等将数万骑逆军。八月，登白狼山，卒与虏遇，众甚盛。公车重在后，被甲者少，左右皆惧。公登高，望虏陈不整，乃纵兵击之，使张辽为先锋，虏众大崩，斩蹋顿及名王已下，胡、汉降者二十余万口。辽东单于速仆丸及辽西、北平诸豪，弃其种人，与尚、熙奔辽东，众尚有数千骑。初，辽东太守公孙康恃远不服。及公破乌丸，或说公遂征之，尚兄弟可禽也。公曰：“吾方使康斩送尚、熙首，不烦兵矣。”九月，公引兵自柳城还，康即斩尚、熙及速仆丸等，传其首。诸将或问：“公还而康斩送尚、熙，何也？”公曰：“彼素畏尚等，吾急之则并力，缓之则自相图，其势然也。”

十三年春正月，公还邺，作玄武池以肄舟师。汉罢三公官，置丞相、御史大夫。夏六月，以公为丞相。

秋七月，公南征刘表。八月，表卒，其子琮代，屯襄阳，刘备屯樊。九月，公到新野，琮遂降，备走夏口。公进军江陵，下令荆州吏民，与之更始。乃论荆州服从之功，侯者十五人，以刘表大将文聘为江夏太守，使统本兵，引用荆州名士韩嵩、邓义等。益州牧刘璋始受征役，遣兵给军。十二月，孙权为备攻合肥。公自江陵征备，至巴丘，遣张憙救合肥。权闻憙至，乃走。公至赤壁，与备战，不利。于是大疫，吏士多死者，乃引军还。备遂有荆州江南诸郡。

【译文】

曹操围邺城时，袁谭攻下了甘陵、安平、勃海、河间几个县。袁尚战败后，回到了中山县，袁谭又去攻打中山县，袁尚无奈，逃到故安县，袁谭便收留整理了袁尚的军队。曹操给袁谭写信，责备袁谭失信违约，与袁氏断绝了婚姻之好，并且将袁谭的女儿送了回去，归还给了袁家，然后曹操进兵。袁谭非常害怕，曹军攻下平原县后，袁谭逃走，退守南皮县。十二月，曹操进入平原县，之后平定了附近各县。

建安十年，春天正月，曹操攻打袁谭，大获全胜。他杀了袁谭，又杀了袁谭的妻子儿女，冀州自此平定。曹操下令说："那些与袁氏兄弟一同作恶的人，都给他们重新开始的机会。"又下令百姓们不得报私仇，禁止厚葬，一切都按律法施行。同月，袁熙的大将焦触、张南等叛变，攻击袁熙、袁尚。袁熙、袁尚逃去了三郡乌丸。焦触等降曹，被封为列侯。这之前，曹操刚征讨袁谭时，（曾下令让百姓们凿开川流冰冻以通船只，）有百姓们不肯椎冰而逃亡。曹操下令曾经逃亡的人都不许投降。

过了些时候，有些曾逃亡的百姓来到曹操门前诉苦。曹操对他们说："准了你的自首，就是违反了我曾经的禁令；杀了你，就会让想要自首的人寒心。你快躲起来吧，不要被官吏抓到。"

那自首者流泪而去，最后依然被捕了。

起初，袁绍封外甥高幹为并州牧。曹操攻下邺城县后，高幹投降，曹操让他做并州刺史。高幹知道曹操要征讨乌丸，便在并州起事，宣布叛变，他还逮捕了上党郡的太守，领兵守在壶关口。曹操派乐进、李典带兵攻打高幹，高幹退守壶关县城。建安十一年，春正月，曹操亲征高幹。高幹听到消息后，留手下守城，自己则逃入匈奴，向单于求救。单于不肯救他。曹军围壶关县三天就打下了壶关县。高幹于是逃往荆州，半路被上洛都尉王琰抓获，被杀。

曹操即将北征三郡乌丸，诸将都认为："袁尚不过是一个亡命之徒。而那些蛮夷之人，贪利益且无礼节，怎能为袁尚所用？如今为了这种人深入塞外征讨，刘备必然会乘机说服刘表偷袭许昌。万一造成变乱，追悔不及。"只有郭嘉料定刘表不会信任刘备，劝曹操北征。

袁尚、袁熙与蹋顿，及辽西单于楼班，右北平单于能臣抵之等，联合率领匈奴骑兵数万人迎战曹操。八月，曹军登白狼山，终于与蹋顿等兵相遇，匈奴兵士气很盛。曹军运送军用物资的重车在队伍最后，前方带甲的兵士又很少，因此曹操身边的人都很担心。曹操登高瞭望，见匈奴兵虽然个个骁勇，但阵容不整，便下令出兵击敌。曹操派张辽为先锋，打得匈奴兵溃不成军，斩蹋顿及乌丸王以下多人。胡汉兵将，投降的达到二十多万人。辽东单于速仆丸及辽西、北平各胡头目，都丢掉了同族，跟袁尚、袁熙一起，逃往辽东去了，这些人身边只剩下了几千骑兵。原本，辽东太守公孙康，依仗自己驻地偏僻，不服曹操管束。等到曹操击破乌丸后，有人向曹操献计说，不如乘机征讨公孙康，那样袁尚、袁熙兄弟便可以擒获了。曹操说："我正想命令公孙康杀了袁尚、袁熙二人，将人头送来，那样就不用麻烦我们用兵了。”九月，曹操带兵从柳城回营。公孙康果然斩了袁尚、袁熙及速仆丸等，并把他们的首级送到了曹操军中。诸将中有人问曹操：“您已经撤军了，公孙康却斩杀了袁尚、袁熙的人头并送来，这是为什么？”曹操说：“公孙康平日里害怕袁尚等人，我若紧紧相逼，他们便会合力抵抗，我若缓兵不动，他们必然会因为利益不均，各有所图而相互残杀。”

建安十三年，春天正月，曹操回到邺城，建设玄武池，用来操练水兵，训练船战。汉朝廷撤销了三公的官职设置，设立丞相及御史大夫位置。夏天六月，任命曹操为丞相。

秋天七月，曹操领兵南征刘表。八月，刘表去世。他的儿子刘琮接替他统领荆州，屯兵在襄阳。刘备则屯兵在樊城。九月，曹操带兵行进到新野，刘琮投降，刘备逃到了夏口。曹操进军江陵，昭告荆州，说将给荆州的官吏和百姓以新的生活。于是按照对荆州投降所起的作用论功封赏，封侯者达十五人。任命刘表手下大将文聘为江夏太守，让他依然统率原来的兵马，又起用了荆州名士韩嵩、邓义等人。益州牧刘璋开始接受朝廷派给的征调士兵的任务，开始遣送兵士给曹操的队伍。十二月，孙权帮助刘备攻打合肥。曹操从江陵出发，征讨刘备，到达巴丘后，派张憙领兵救援合肥。孙权知道张憙到来，撤退逃走。曹操到达赤壁后，与刘备交战，结果失利。正赶上当时军中流行瘟疫，将士们感染不治者颇多。曹操便带兵北还。于是，刘备占有了荆州以及江南各郡。

【原文】

十九年，秋七月，公征孙权。

二十年三月，公西征张鲁，至陈仓，将自武都入氐；氐人塞道，先遣张郃、朱灵等攻破之。夏四月，公自陈仓以出散关，至河池。氐王窦茂众万余人，恃险不服，五月，公攻屠之。西平、金城诸将麴演、蒋石等共斩送韩遂首。秋七月，公至阳平。张鲁使弟卫与将杨昂等据阳平关，横山筑城十余里，攻之不能拔，乃引军还。贼见大军退，其守备解散。公乃密遣解儦、高祚等乘险夜袭，大破之，斩其将杨任，进攻卫，卫等夜遁，鲁溃奔巴中。公军入南郑，尽得鲁府库珍宝。巴、汉皆降。复汉宁郡为汉中。

八月，孙权围合肥，张辽、李典击破之。

十一月，鲁自巴中将其余众降。封鲁及五子皆为列侯。刘备袭刘璋，取益州，遂据巴中；遣张郃击之。

十二月，公自南郑还，留夏侯渊屯汉中。

二十五年春正月，庚子，王崩于洛阳，年六十六。遗令曰："天下尚未安定，未得遵古也。葬毕，皆除服。其将兵屯戍者，皆不得离屯部。有司各率乃职。敛以时服，无藏金玉珍宝。"谥曰武王。二月丁卯，葬高陵。

【译文】

建安十九年，秋七月。曹操出兵攻打孙权。

建安二十年三月，曹操西征张鲁，取道陈仓县，想由武都县进入氐族部落聚集区；氐族人听到消息后，阻塞了道路，曹操先派张郃、朱灵等人领兵打败了氐族人。夏天四月，曹操从陈仓县出兵散关，来到了河池县。氐部落王窦茂领一万多兵众，凭借险要地势，坚决不降服曹操。五月，曹操攻下河池，杀了窦茂手下的一干兵众。西平、金城等县的几个将领以及麴演、蒋石等人合谋杀了韩遂，并将韩遂的头砍了下来送给曹操。秋天七月，曹操来到阳平县。张鲁派其弟弟张卫与部将杨昂等人据守阳平关，依靠山势横筑城墙，长达十余里。曹军接连攻打，然而始终不能攻破，便带兵退回。张卫等人见曹军撤退，就解散了他们的守备军士。曹操便暗中派部将解慓、高祚等人，冒险半夜偷袭，大破阳平关，斩了阳平关守将杨任，继而进攻张卫，张卫等不敌，连夜逃跑，张鲁则逃去了巴中郡。曹操带军进入南郑县，将张鲁府库中的全部珍宝财物收归己有。巴中、汉宁两郡地城池守将全部投降。曹操规定，恢复汉宁郡为汉中郡。

八月，孙权出兵围攻合肥，张辽、李典共同击破孙权部队。

十一月，张鲁从巴中率领手下残兵投降。曹操将张鲁和张鲁的五个儿子都封为列侯。刘备袭击了刘璋，夺取了益州，之后得到巴中。曹操派张郃领兵攻打刘备。

十二月，曹操从南郑县班师回许昌，留夏侯渊守卫汉中郡。

建安二十五年，春天正月，庚子日（二十三日），魏王曹操死于洛阳，年六十六岁。留下遗令说："天下还没有安定，因此还不能遵从古制。葬礼完毕后，便都除去丧服。领兵屯戍的将领，都不许离开屯戍部队。有司各守职务，不得擅动。装敛用当今的服制，不要在棺中藏金宝。"谥号为武王。二月丁卯日（二十一日）葬于高陵。

荀彧传

【原文】

荀彧字文若，颍川颍阴人也。祖父淑，字季和，朗陵令。当汉顺、桓之间，知名当世。有子八人，号曰"八龙"。彧父绲，济南相。叔父爽，司空。

彧年少时，南阳何颙异之，曰："王佐才也。"永汉元年，举孝廉，拜守宫令。董卓之乱，求出补吏。除亢父令，遂弃官归，谓父老曰："颍川，四战之地也，天下有变，常为兵冲，宜亟去之，无久留。”乡人多怀土犹豫，会冀州牧同郡韩馥遣骑迎之，莫有随者，彧独将宗族至冀州。而袁绍已夺馥位，待彧以上宾之礼。彧弟谌及同郡辛评、郭图，皆为绍所任。彧度绍终不能成大事，时太祖为奋武将军，在东郡，初平二年，彧去绍从太祖。太祖大悦曰：“吾之子房也。”以为司马，时年二十九。

是时，董卓威陵天下，太祖以问彧，彧曰：“卓暴虐已甚，必以乱终，无能为也。”卓遣李傕等出关东，所过虏略，至颍川、陈留而还。乡人留者多见杀略。明年，太祖领兖州牧，后为镇东将军，彧常以司马从。兴平元年，太祖征陶谦，任彧留事。会张邈、陈宫以兖州反，潜迎吕布。布既至，邈乃使刘翊告彧曰：“吕将军来助曹使君击陶谦，宜亟供其军食。”众疑惑。彧知邈为乱，即勒兵设备，驰召东郡太守夏侯惇，而兖州诸城皆应布矣。时太祖悉军攻谦，留守兵少，而督将大吏多与邈、宫通谋。惇至，其夜诛谋叛者数十人，众乃定。豫州刺史郭贡帅众数万来至城下，或言与吕布同谋，众甚惧。贡求见彧，彧将往。惇等曰：“君，一州镇也，往必危，不可。”彧曰：“贡与邈等，分非素结也，今来速，计必未定；及其未定说之，纵不为用，可使中立，若先疑之，彼将怒而成计。”贡见彧无惧意，谓鄄城未易攻，遂引兵去。又与程昱计，使说范、东阿，卒全三城，以待太祖。太祖自徐州还击布濮阳，布东走。二年夏，太祖军乘氏，大饥，人相食。

【译文】

荀彧字文若，颍川颍阴人。祖父荀淑，字季和，曾任朗陵县令，在汉顺帝、桓帝年间，知名于当世。荀淑有八个儿子，号称“八龙”。荀彧的父亲叫荀绲，曾任济南国相。他的叔父荀爽，曾任司空。

荀彧少年的时候，南阳人何颙认为他非同常人，评价他说：“这是辅佐君王的人才。”汉献帝永汉元年，荀彧被举为孝廉，被任命为守宫令。董卓作乱后，荀彧请求外出补任地方官。出任为亢父县令，于是弃官回乡，跟家乡父老说：“颍川是个四面受敌的地方，万一天下有变，这里是打仗时候的必争之地，应该赶紧离开这里，不要在此长久居住。”然而乡民们大多眷念故土，犹豫而不肯离开。担任冀州州牧，与荀彧同郡的韩馥派人来迎接荀彧，但没有人肯跟随他离开，荀彧只好独自率领同族人前往冀州。荀彧到达冀州的时候，袁绍已经夺取了韩馥的位置，荀彧便归于袁绍门下，袁绍以上宾的礼节对待荀彧。荀彧的弟弟荀谌及同郡人辛评、郭图，也都投在袁绍麾下。荀彧认为袁绍不是成大事之人，而恰巧当时曹操任奋武将军，屯驻在东郡，初平二年时，荀彧离开袁绍去投奔曹操。曹操得到荀彧后，非常高兴，说：“这是我的张良啊！”随即让他做司马，那时荀彧二十九岁。

此时，正好董卓的淫威凌驾天下，曹操以此询问荀彧，荀彧说：“董卓残暴无度，一定会招致灾祸，是不会有什么作为的。”董卓派遣手下李傕等人从关东出发，他们所经过的地方，都被掠夺，一直抢到颍川、陈留然后回去。荀彧的同乡中，那些留居故里的都被杀害劫掠了。第二年，曹操任兖州州牧，后来升任镇东将军，荀彧常以司马之职随从。

兴平元年，曹操出兵攻打陶谦，让荀彧留守，处理家中大小政事。这时，张邈和陈宫在兖州造反，偷偷迎接吕布。吕布到达后，张邈派刘翊跟荀彧说：“吕将军前来帮助曹操攻打陶谦，你们应该赶紧供给他军粮才是。”大家都感到非常迷惑。荀彧心里明白张邈肯定是叛变了，随即整治军队，建筑防御工事，并派人紧急召回东郡太守夏侯惇，而这个时候兖州一带的县城都已经开始响应吕布，大批叛变了。当时曹操带走了全部的军队去攻打陶谦，留守军士非常少，而一些督将大官们又多和张邈、陈宫串通阴谋不轨。后来夏侯惇赶到，当夜诛杀了图谋叛变的人达数十名，这样人心才安定下来。豫州刺史郭贡率领兵众数万来到城下，传言说他和吕布一起阴谋造反，大家都感到非常的害怕。郭贡邀请荀彧会面，荀彧答应前往。夏侯惇等人都劝荀彧，说："你是这一州的重心，前往会见非常危险，还是不要去的好。"荀彧回答说："郭贡和张邈等人并不是平素就很亲密的旧友，他们不过是仓促间建立的友谊，现在他们这么急着派兵前来，一定还没有制定周密的计谋，正是犹豫的时候；在他还没有彻底下定决心之前说服他，纵然不能为我们所用，也可以劝他中立，如果这时对他表示过度的怀疑，他一定会恼羞成怒，从而坚定地跟随吕布。"郭贡看到荀彧毫无畏惧之心，认定鄄城已有准备，必定不容易攻取，于是就带兵离去了。因此荀彧又和程昱谋划，派人游说范、东阿二县，终于保全了鄄、范、东阿三个县城，等待曹操回来。曹操从徐州回到濮阳县后，追击吕布，吕布向东逃走。兴平二年夏季，曹操在乘氏驻扎，这时候发生了大饥荒，甚至人吃人的事都有发生。

【原文】

陶谦死，太祖欲遂取徐州，还乃定布。彧曰："昔高祖保关中，光武据河内，皆深根固本以制天下，进足以胜敌，退足以坚守，故虽有困败而终济大业。将军本以兖州首事，平山东之难，百姓无不归心悦服。且河、济，天下之要地也，今虽残坏，犹易以自保，是亦将军之关中、河内也，不可以不先定。今以破李封、薛兰，若分兵东击陈宫，宫必不敢西顾，以其间勒兵收熟麦，约食畜谷，一举而布可破也。破布，然后南结扬州，共讨袁术，以临淮、泗。若舍布而东，多留兵则不足用，少留兵则民皆保城，不得樵采。布乘虚寇暴，民心益危，唯鄄城、范、卫可全，其余非己之有，是无兖州也。若徐州不定，将军当安所归乎？且陶谦虽死，徐州未易亡也。彼惩往年之败，将惧而结亲，相为表里。今东方皆以收麦，必坚壁清野以待将军，将军攻之不拔，略之无获，不出十日，则十万之众未战而自困耳。前讨徐州，威罚实行，其子弟念父兄之耻，必人自为守，无降心，就能破之，尚不可有也。夫事固有弃此取彼者，以大易小可也，以安易危可也，权一时之势，不患本之不固可也。今三者莫利，愿将军熟虑之。”太祖乃止。大收麦，复与布战，分兵平诸县。布败走，兖州遂平。

建安元年，太祖击破黄巾。汉献帝自河东还洛阳。太祖议奉迎都许，或以山东未平，韩暹、杨奉新将天子到洛阳，北连张杨，未可卒制。彧劝太祖曰：“昔晋文纳周襄王而诸侯景从，高祖东伐为义帝缟素而天下归心。自天子播越，将军首唱义兵，徒以山东扰乱，未能远赴关右，然犹分遣将帅，蒙险通使，虽御难于外，乃心无不在王室，是将军匡天下之素志也。今车驾旋轸，东京榛芜，义士有存本之思，百姓感旧而增哀。诚因此时，奉主上以从民望，大顺也；秉至公以服雄杰，大略也；扶弘义以致英俊，大德也。天下虽有逆节，必不能为累，明矣。韩暹、杨奉其敢为害！若不时定，四方生心，后虽虑之，无及。”太祖遂至洛阳，奉迎天子都许。天子拜太祖大将军，进彧为汉侍中，守尚书令。常居中持重，太祖虽征伐在外，军国事皆与彧筹焉。太祖问彧：“谁能代卿为我谋者？”彧言“荀攸、钟繇”。先是，或言策谋士，进戏志才。志才卒，又进郭嘉。太祖以彧为知人，诸所进达皆称职，唯严象为扬州，韦康为凉州，后败亡。

【译文】

陶谦死后，曹操想乘机取夺徐州，回来再平定吕布。荀彧说："从前汉高祖刘邦保卫关中，光武帝刘秀据守河内，都是根基稳固后再去威制天下，这样往前进可以攻胜敌兵，往后退可以坚守阵地，所以虽然有困顿破败的时候但依然能顺利完成大业。将军从兖州开创事业，后来平定了华山以东的劫难，所有百姓都诚心地前来归附。况且兖州依据黄河、济水，是天下险要的地区，如今虽然被摧残破坏，但仍然是用以自卫的好地方，这就等于是将军的关中、河内，所以一定要先平定这一带。目前我们已经平定了李封、薛兰，如果再分派军队往东攻击陈宫，陈宫一定不敢西回，那样我们便可利用空隙派兵收割成熟了的麦子，之后节省粮食，储存米谷，一战就可打败吕布。攻破吕布之后，再继续向南方挺近，联合扬州兵，共同讨伐袁术，可以逼近淮河、泗水。如果现在不谋划攻打吕布，而是往东进兵攻击徐州，那么大本营中兵留多了就没有足够的兵力用于打仗，兵留少了那么百姓都忙着保卫城镇，就没有时间到城外去采集柴草。若吕布乘虚来犯，势必造成人心混乱，那时只可保全鄄城、范县、卫县，其他地方都保不住，也就等于失去了兖州。如果届时徐州无法攻克，那么将军你将以什么地方做根据地呢？而且陶谦虽然死了，但徐州的兵力还在，并不是那么容易消灭的。他们将会因为以往的失败，心中惧怕从而相互结合亲好，团结一致，内外呼应。现在东方都已经收割麦子了，他们一定会坚守城壁四野一片清静地等待你去进攻，那时你攻城打不下来，劫掠又将毫无所获，不出十天，十万多的兵众还没作战就先陷入困境了。我们以前攻讨徐州时，对徐州残杀过重，他们想到父兄被我们所杀，必然心情激愤，一定会安心坚守阵地，不生半点求降之心。那样的话，即便能把徐州攻破，仍然是不可能真正占有这个地方的。世间事，原本就是有得有失，得到大的失去小的是可以的，得到安全的失去危险的也是可以的，权衡当时的形势，不会动摇我们的根本也是可以的。现如今，这三方面对我们都不利，希望将军深思熟虑。”曹操于是放弃攻打徐州的计划。按照荀彧的建议先收割了麦子，再和吕布作战，将部队分成好几路，平定了各个县城。吕布兵败逃走，兖州从此平定。

建安元年，曹操出兵击溃了黄巾军。汉献帝从河东回到洛阳。曹操跟群臣商议，奉迎天子以许昌为京都，有人认为华山以东还未平定，且韩暹、杨奉刚刚随同天子前往洛阳，而二人又与北面的张杨有联盟，一时之间无法制伏他们。荀彧则劝谏曹操说：“从前晋文公接纳了周襄王而天下诸侯如影随形全部前来追随他，汉高祖刘邦东伐项羽时身穿白色丧服为义帝发丧，从而天下人全都归向他。天子流亡后，将军第一个倡导义兵，只是因为华山以东一带骚乱不安，无法抽身远赴关右护驾，然而还是分别派遣将帅，冒着危险与朝廷使节沟通。虽然身居在外，心却时时刻刻系念着王室，这是将军一直秉持的匡正天下的心志。现在天子车驾返回洛阳，那里一片荒凉，草木丛生，义士们均有存念根本、保护朝廷的心思，百姓也感怀旧日而倍增哀伤。这个时候，奉迎君王以顺应老百姓的愿望，才是大顺；秉持公心使天下雄杰英士服从，才是大谋略；持大义而招揽英俊人才，才是大德。天下虽然仍会有少数不服从的，但一定无法构成祸患，这是很明显的。韩暹、杨奉又怎敢作乱！如果不及时出手，那么难保别人不生出同样的念头，那时再考虑此事，恐怕已经来不及了。”曹操于是前往洛阳，把汉献帝接到许昌，并在此建都。汉献帝封拜曹操为大将军，提升荀彧为汉侍中，代理尚书事务。荀彧经常留守在宫中承担大任，曹操虽然经常出兵在外打仗，但一切军国大事全和荀彧谋划。曹操曾问荀彧说：“谁能代替你为我出谋划策？”荀彧回答说“荀攸、钟繇二人可以”。在此之前，荀彧谈到能出策谋的人时，曾为曹操推荐了戏志才。戏志才死后，又推荐了郭嘉。曹操认为荀彧是个知人善任的人物，凡是他所推荐的人才都很称职，只有扬州太守严象、凉州太守韦康，后来因兵败被杀。

【原文】

自太祖之迎天子也，袁绍内怀不服。绍既并河朔，天下畏其强。太祖方东忧吕布，南拒张绣，而绣败太祖军于宛。绍益骄，与太祖书，其辞悖慢。太祖大怒，出入动静变于常，众皆谓以失利于张绣故也。钟繇以问彧，彧曰：“公之聪明，必不追咎往事，殆有他虑。”则见太祖问之，太祖乃以绍书示彧，曰：“今将讨不义，而力不敌，何如？”彧曰：“古之成败者，诚有其才，虽弱必强，苟非其人，虽强易弱，刘、项之存亡，足以观矣。今与公争天下者，唯袁绍尔。绍貌外宽而内忌，任人而疑其心，公明达不拘，唯才所宜，此度胜也。绍迟重少决，失在后机，公能断大事，应变无方，此谋胜也。绍御军宽缓，法令不立，士卒虽众，其实难用，公法令既明，赏罚必行，士卒虽寡，皆争致死，此武胜也。绍凭世资，从容饰智，以收名誉，故士之寡能好问者多归之，公以至仁待人，推诚心不为虚美，行己谨俭，而与有功者无所吝惜，故天下忠正效实之士咸愿为用，此德胜也。夫以四胜辅天子，扶义征伐，谁敢不从？绍之强其何能为！”太祖悦。彧曰：“不先取吕布，河北亦未易图也。”太祖曰：“然。吾所惑者，又恐绍侵扰关中，乱羌、胡，南诱蜀汉，是我独以兖、豫抗天下六分之五也。为将奈何？”彧曰：“关中将帅以十数，莫能相一，唯韩遂、马超最强。彼见山东方争，必各拥众自保。今若抚以恩德，遣使连和，相持虽不能久安，比公安定山东，足以不动。钟繇可属以西事。则公无忧矣。”

三年，太祖既破张绣，东擒吕布，定徐州，遂与袁绍相拒。孔融谓彧曰：“绍地广兵强；田丰、许攸，智计之士也，为之谋；审配、逢纪，尽忠之臣也，任其事；颜良、文丑，勇冠三军，统其兵：殆难克乎！”彧曰：“绍兵虽多而法不整。田丰刚而犯上，许攸贪而不治。审配专而无谋，逢纪果而自用，此二人留知后事，若攸家犯其法，必不能纵也，不纵，攸必为变。颜良、文丑，一夫之勇耳，可一战而禽也。”五年，与绍连战。太祖保官渡，绍围之。太祖军粮方尽，书与彧，议欲还许以引绍。彧曰：“今军食虽少，未若楚、汉在荥阳、成皋间也。是时刘、项莫肯先退，先退者势屈也。公以十分居一之众，画地而守之，扼其喉而不得进，已半年矣。情见势竭，必将有变，此用奇之时，不可失也。”太祖乃住。遂以奇兵袭绍别屯，斩其将淳于琼等，绍退走。审配以许攸家不法，收其妻子，攸怒叛绍；颜良、文丑临阵授首；田丰以谏见诛：皆如彧所策。

【译文】

自从曹操将汉献帝接到许都以后，袁绍心中不服。袁绍吞并黄河以北一带之后，天下诸侯开始畏惧他的强大。当时曹操东面有吕布盘踞，还要向南抵御张绣，而张绣在宛城又打败了曹操的军队。袁绍得知后，更加骄矜，他给曹操写了封信，言辞傲慢而无理。曹操看了大为愤怒，行动举止都有悖于平时，大家都误以为是因为被张绣所击败的关系。钟繇就以这件事去请教荀彧，荀彧跟他说：“以曹公的聪明，一定不会因为过去的事情而懊恼，可能是有其他的忧虑困扰他。”因此就去拜见曹操，问他出了什么事，曹操便把袁绍写来的信拿给荀彧，并说道：“现在我想出兵讨伐这个不义的家伙，可又没有他力量大，该怎么办呢？”荀彧回答说：“从古至今，观看一个人是成功还是失败，从来都是看那人的才能，有才的人虽然开始弱也一定会逐渐强大，如果无才，虽然原本强大也会慢慢变得弱小，刘邦、项羽的存亡，就是明证。现在能和您争夺天下的人，只有袁绍而已，而袁绍看似宽厚实则气量狭小，用人常起怀疑，而您为人明理通达又不拘小节，一向以才能来衡量一个人，这便是在度量上胜过了袁绍。袁绍遇事迟疑，优柔寡断，常会失去良好的时机，您则能裁断大事，随机应变，这便是在谋略上胜过了他。袁绍统治军队不严，法令不明，虽然军队众多，实际上却很难驱使。而您法令明确，有功必赏，有罪必罚，虽然士兵数量不多，但大家都争着为您效命，这便是在力量上胜过了他。袁绍凭家世的声望起步，凭借聪明的外表来收取美誉，所以一些没有真才实学，而只是追慕虚名的人多愿归附他，您则以仁厚待人，又能与人推诚置腹，不求虚名，且能约束自己，行为谨慎俭约，对有功劳的人毫不吝啬，所以那些忠心正直想要做些实事的人都愿意为您所用，这便是在德行上胜过了他。以这四胜的美德辅佐天子，匡扶正义，出兵征讨叛逆，谁敢不追随呢？袁绍的强大又有什么用！”曹操听完非常高兴。荀彧又说：“不过，如果不先攻克吕布，那么河北地方也便没办法图谋了。”曹操说：“是的，但我所担心的是，如果袁绍出兵侵扰关中，联合那里的羌、胡部落，之后向南方夺取蜀汉，那么我便是以兖州、豫州这天下六分之一的地方来抗拒他天下六分之五的地方。那样该怎么办呢？”荀彧告诉他说：“关中有名的将帅有几十个，但都是各自为政，不懂互相联合，这些人里只有韩遂、马超最强。他们看见华山以东正在打仗，一定会各自拥兵自保。这时候，如果您以恩信德业来安抚他们，派使者去和他们联盟，虽然联盟未必能够持久，但您平定山东这段时间内，他们肯定不会对我们动兵。可以把西面的大事全托付给钟繇，那么您便无所忧虑了。”

建安三年，曹操攻破张绣，又向东进兵擒获了吕布，又平定了徐州，于是开始和袁绍对抗。孔融跟荀彧说：“袁绍土地广博兵力强盛，田丰、许攸，又是有智巧能出计谋的人，在袁绍身边为他出谋划策；而审配、逢纪，是尽心尽忠的臣子，在为袁绍干事；颜良、文丑则是勇冠三军的名将，在为他统率军队，恐怕不好对付吧！”荀彧回答说：“袁绍的士兵虽然多，但军法不严。田丰性情刚烈而又好顶撞上司，许攸则贪婪而不检点。审配独断专横而无谋略，逢纪则虽然果决却刚愎自用，这两个人被留在后方为袁绍处理各种事务，那么，一旦许攸的家人触犯了法令，审配、逢纪二人一定会依法严办，不会有半点姑息，那时许攸一定会叛变的。至于颜良、文丑，不过是有勇无谋的匹夫，是可以一战而擒获的。”建安五年，曹操和袁绍连连作战。曹操保卫官渡，袁绍出兵围攻。曹操军中的粮食快要用尽了，便写了一封信给荀彧，说他想带兵回许昌以引诱袁绍出来攻打他。荀彧回信告诉他说：“目前我方军粮虽然不多，但并不像当年汉高祖和项羽在荥阳、成皋之间相争的时候。那时候刘邦、项羽都不肯先退兵，是因为先退兵就表示形势上屈居于后，必然落入下风。目前，我们只有袁绍十分之一的兵众，划地固守，扼制了袁绍的咽喉要害处，让他前进不

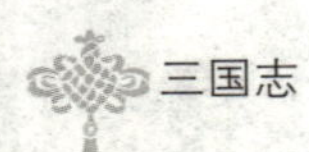

得已达半年时间了。眼看着袁军气势衰竭的情况已经出现，情势就要有变，这时正是用奇计的时候，千万不可错失良机。”曹操于是坚定信心，不再退兵。最终，曹操用奇兵偷袭了袁绍另外的屯兵，斩杀了袁绍的将领淳于琼等人，袁绍败退而逃。审配因为许攸家人不守法制，逮捕了许攸的妻子儿女，许攸知道后非常愤怒，于是背叛了袁绍；颜良、文丑则临阵被杀；而田丰以直言进谏，不肯屈从袁绍，被杀害：一切都跟荀彧所预料的一模一样。

【原文】

六年，太祖就谷东平之安民，粮少，不足与河北相支，欲因绍新破，以其间击讨刘表。彧曰：“今绍败，其众离心，宜乘其困，遂定之；而背兖、豫，远师江、汉，若绍收其余烬，承虚以出人后，则公事去矣。”太祖复次于河上。绍病死。太祖渡河，击绍子谭、尚，而高幹、郭援侵略河东，关右震动，钟繇帅马腾等击破之。语在《繇传》。八年，太祖录彧前后功，表封彧为万岁亭侯。九年，太祖拔邺，领冀州牧。或说太祖“宜复古置九州，则冀州所制者广大，天下服矣。”太祖将从之，彧言曰：“若是，则冀州当得河东、冯翊、扶风、西河、幽、并之地，所夺者众。前日公破袁尚，擒审配，海内震骇。必人人自恐不得保其土地，守其兵众也；今使分属冀州，将皆动心。且人多说关右诸将以闭关之计；今闻此，以为必以次见夺。一旦生变，虽有守善者，转相胁为非，则袁尚得宽其死，而袁谭怀贰，刘表遂保江、汉之间，天下未易图也。愿公急引兵先定河北，然后修复旧京，南临荆州，责贡之不入，则天下咸知公意，人人自安。天下大定，乃议古制，此社稷长久之利也。”太祖遂寝九州议。

是时荀攸常为谋主。彧兄衍以监军校尉守邺，都督河北事。太祖之征袁尚也，高幹密遣兵谋袭邺，衍逆觉，尽诛之，以功封列侯。太祖以女妻彧长子恽，后称安阳公主。彧及攸并贵重，皆谦冲节俭，禄赐散之宗族知旧，家无余财。十二年，复增彧邑千户，合二千户。

太祖将伐刘表，问彧策安出，彧曰："今华夏已平，南土知困矣。可显出宛、叶而间行轻进，以掩其不意。"太祖遂行。会表病死，太祖直趋宛、叶如彧计，表子琮以州逆降。

十七年，董昭等谓太祖宜进爵国公，九锡备物，以彰殊勋，密以谘彧。彧以为太祖本兴义兵以匡朝宁国，秉忠贞之诚，守退让之实；君子爱人以德，不宜如此。太祖由是心不能平。会征孙权，表请彧劳军于谯，因辄留彧，以侍中光禄大夫持节，参丞相军事。太祖军至濡须，彧疾留寿春，以忧薨，时年五十。谥曰敬侯。明年，太祖遂为魏公矣。

【译文】

建安六年，曹操在东平郡的安民亭收取米谷，但是粮食太少，不够和黄河以北一带地方的兵力相抗衡，便想借着袁绍刚刚被打败的时机，找个空隙出兵攻打刘表。荀彧说："如今袁绍已经失败，他手下的兵士们都各怀异心，我们应该乘此时机，一举扫平他们；而您却要远离兖州、豫州，远率军队到长江、汉水一带讨伐荆州，如果袁绍乘机收拾被战火焚烧后剩余的物质，重整军士，趁着我们没有防备的时候，从后面出兵袭击我们，那么您的大事就完了。"曹操听从，再度驻军在黄河附近。袁绍生病而死。曹操渡过了黄河，出兵袭击袁绍的儿子袁谭跟袁尚。高幹、郭援攻取了河东郡，关右大为震惊，钟繇随即率领马腾等人出兵击溃了高幹他们。这些事都记载在《钟繇传》里。建安八年，曹操根据荀彧的功绩，上表朝廷封荀彧为万岁亭侯。建安九年，曹操攻下了邺城县，担任了冀州州牧。有人建议曹操说："应该恢复古代的制度设置九州，那样一来，冀州所辖制的地方更加广大，天下人都会心服的。"曹操想采纳这个意见，荀彧劝阻说："如果这么做，那么冀州就得兼并河东、冯翊、扶风、西河、幽州、并州一带地区的土地，那么所夺取的地方就太多了，人们将会有意见。前些日子您攻破袁尚，擒获审配，天下都震恐惊骇，已然人人惊惧，都害怕失去自己的土地，被夺走自己的兵众；如果我们再把这些地方全部划归冀州，人们的内心将更加不安。而且很多人在游说关右一带的将领们采取闭关自守的策略；如果他们听到这个消息，都会认为您必然会按次序夺取他们的土地，一旦发生变故，即使是一直想要自保的人，也会被别人胁迫从而反抗您。那么便拖延了攻打袁尚的时间，使他有机会休整，而袁谭也会心怀二志，刘表也会因此而能保住汉江、荆州一带地方，天下事就没那么容易图谋了。希望您赶紧先平定河北一带，然后修复旧都，再向南征讨荆州，追究刘表常年不向朝廷进贡的罪责，这样天下人都会知道您的心意，人们也便各自安心了。等到天下平定无事后，再来议订古代的制度，才符合长远的利益。"曹操于是停止了恢复古代九州制度的研议。

当时，荀攸常常做曹操的主要谋士。荀彧的哥哥荀衍也以监军校尉的身份固守邺城县，督管黄河以北的军事。曹操出兵征讨袁尚时，高幹秘密派遣军队计划偷袭邺城县，结果荀衍事先得到消息，把他们全都杀掉了，因而有功，被封为列侯。曹操把自己的女儿嫁给了荀彧的长子荀恽，即后来所称的安阳公主。那时，荀彧以及荀攸都地位显赫，然而他们都为人谦虚节俭，皇帝赐给的俸禄全部都分散给同宗族的亲人和知交故友，家中没有剩余的钱财。建安十二年，朝廷又增加荀彧封邑一千户，合并以前的共有二千户的封邑。

曹操要出兵攻打刘表，询问荀彧采用什么计策，荀彧建议说："如今中原地区已经平定，南方一带地方已感觉到压力了。因此可以表面上从宛、叶出兵以迷惑敌人，而实际走小道以轻装兵前进，出其不意，可获全胜。"曹操于是出兵。正在这时刘表病死，曹操长驱直入宛、叶，完全依照荀彧的计划行军，刘表的儿子刘琮以荆州全州名义投降曹操。

建安十七年，董昭等人建议曹操进封爵位为国公，并加"九锡"之礼，来表彰曹操杰出的功勋。曹操秘密咨询荀彧的意见。荀彧认为曹操建立义军就是为了匡正汉室，安定国家，怀着一颗忠心，秉持谦让的品质；君子以德爱人，因此不应该这样做。曹操因此内心感到不满。正赶上曹操要出兵征讨孙权，于是上表请荀彧到谯地劳军，并乘机把荀彧留了下来，让他做侍中光禄大夫，持节，做丞相的参军。曹操的军队前往濡须，荀彧因病不能同行，留在了寿春，后来因为忧郁而死，时年五十岁。谥号敬侯。第二年，曹操便受封为魏公。

荀攸传

【原文】

荀攸字公达，彧从子也。祖父昙，广陵太守。攸少孤。及昙卒，故吏张权求守昙墓。攸年十三，疑之，谓叔父衢[①]曰："此吏有非常之色，殆将有奸！"衢寤，乃推问，果杀人亡命。由是异之。何进秉政，征海内名士攸等二十余人。攸到，拜黄门侍郎。董卓之乱，关东兵起，卓徙都长安。攸与议郎郑泰、何颙、侍中种辑、越骑校尉伍琼等谋曰："董卓无道，甚于桀纣，天下皆怨之，虽资强兵，实一匹夫耳。今直刺杀之以谢百姓，然后据崤、函，辅王命，以号令天下，此桓文之举也。”事垂就而觉，收颙、攸系狱，颙忧惧自杀，攸言语饮食自若，会卓死得免。弃官归，复辟公府，举高第，还任城相，不行。攸以蜀汉险固，人民殷盛，乃求为蜀郡太守，道绝不得至，驻荆州。

太祖迎天子都许，遗攸书曰：“方今天下大乱，智士劳心之时也，而顾观变蜀汉，不已久乎！”于是征攸为汝南太守，入为尚书。太祖素闻攸名，与语大悦，谓荀彧、钟繇曰：“公达，非常人也，吾得与之计事，天下当何忧哉！”以为军师。建安三年，从征张绣。攸言于太祖曰：“绣与刘表相恃为强，然绣以游军仰食于表，表不能供也，势必离。不如缓军以待之，可诱而致也；若急之，其势必相救。”太祖不从，遂进军之穰，与战。绣急，表果救之。军不利。太祖谓攸曰：“不用君言至是。”乃设奇兵复战，大破之。

是岁，太祖自宛征吕布，至下邳，布败退固守，攻之不拔，连战，士卒疲，太祖欲还。攸与郭嘉说曰：“吕布勇而无谋，今三战皆北，其锐气衰矣。三军以将为主，主衰则军无奋意。夫陈宫有智而迟，今及布气之未复，宫谋之未定，进急攻之，布可拔也。”乃引沂、泗灌城，城溃，生擒布。

【注释】

①衢：读qú。

【译文】

荀攸字公达，是荀彧堂兄弟的儿子。荀攸的祖父荀昙，曾当过广陵太守。荀攸小时候父亲就去世了。后来祖父也死了，荀昙有位老下属叫张权的，听说荀昙的死讯后，主动要求看守荀昙的坟墓。当时荀攸才十三岁，他觉得这事很可疑，便跟他叔父荀衢说："这位小吏神情异常，大概做了坏事吧！"荀衢也觉悟了，于是详细推问张权，果然那张权是杀了人之后无处可去，才借着守墓的名义在这里安身。从此荀衢便对荀攸另眼看待。何进执政，征用海内有名人士包括荀攸等二十多人。荀攸应征后，被任命为黄门侍郎的职官。董卓作乱，关东起兵讨董卓，董卓迁都长安。当时荀攸和议郎郑泰、何颙、侍中种辑、越骑校尉伍琼等人商量说："董卓的残暴荒淫，甚至胜过当年的夏桀、商纣，天下人都怨恨他，虽然表面上看董卓拥有强大的兵力，实际上他只是个无谋的匹夫而已。如今我们应该直接地把他刺杀了以向天下百姓谢罪，然后以崤山、函谷关为据点，辅佐君王，号召天下，这样就是当年齐桓公、晋文公一举而霸天下的作为了。"荀攸等人谋划的事情已经快要成功了，却被发觉，董卓于是收捕了何颙、荀攸，拘囚在牢狱中，何颙因害怕而自杀身死，荀攸则一点也不担心，吃饭说话都跟平时一样，没多久，董卓被杀，荀攸被赦免。于是舍弃了官位回归故里，又被举荐在公府中做事，后被选举高第，升迁为城相，结果荀攸不愿前往就任。荀攸因为蜀汉的险要稳固，百姓殷实丰盛，而求得蜀郡太守，却因为道路中断无法到达，于是留驻在荆州。

后来，曹操迎天子到许昌，并在那里建都，之后送了一封信给荀攸说："如今天下大乱，正是有智谋的人劳用心神的时候，而你在蜀汉观望天下的变化，耗时太久了！"于是征召荀攸为汝南太守，入朝廷为官，做尚书。曹操早就听过荀攸的大名，等和荀攸谈话后更是大为欣喜，他告诉荀彧、钟繇说："荀公达是个不平凡的人物，我能够和他来商议大事，天下又有什么可忧虑的呢！"之后任命荀攸为军师。建安三年，荀攸跟从曹操出兵征讨张绣。荀攸建议曹操说："张绣和刘表互相依恃，自以为强大，不过张绣带着的是游击部队，因此要依赖刘表供给他粮食，一旦刘表无法供应粮食，张绣就会叛离他。我们不如用缓兵之计，坐等这一天的到来，然后我们可以诱降张绣，从而得到他的军队，如果急着去攻打张绣，逼迫他们太急，他们势必会互相救援。”曹操不以为然，没采纳荀攸的意见，于是出兵前往穰县，和张绣作战。张绣情势危急，刘表果然派兵援救他。曹操出战不利。曹操跟荀攸说：“当初没有采用你的建议，才弄到了这种地步。”于是又设计出奇兵再战，大举攻破了张绣的军队。

这一年，曹操从宛城出发攻打吕布，一直前进到下邳，吕布战败退兵固守，曹操一再进攻都打不下来，兵士们都已疲惫不堪，曹操便想带兵回去。荀攸和郭嘉跟曹操说：“吕布有勇无谋，跟我们打了三次都败了，如今他的锐气已经丧失殆尽。三军以将帅为中心，中心人物都没了斗志，那么军队就不会再有奋战的决心了。陈宫虽然有智谋但反应迟钝，现在要赶在吕布士气还没有恢复，陈宫的谋略还没有拟定时，赶紧进攻，吕布一定可以攻打下来的。”于是曹操命令引导沂水、泗水两条河水灌入城池，城崩溃，活捉了吕布。

【原文】

后从救刘延于白马，攸画策斩颜良。语在《武纪》。太祖拔白马还，遣辎重循河而西。袁绍渡河追，卒与太祖遇。诸将皆恐，说太祖还保营，攸曰：“此所以禽敌，奈何去之！”太祖目攸而笑。遂以辎重饵贼，贼竞奔之，阵乱。乃纵步骑击，大破之，斩其骑将文丑，太祖遂与绍相拒于官渡。军食方尽，攸言于太祖曰：“绍运车旦暮至，其将韩莫锐而轻敌，击可破也。”太祖曰：“谁可使？”攸曰：“徐晃可。”乃遣晃及史涣邀击破走之，烧其辎重。会许攸来降，言绍遣淳于琼等将万余兵迎运粮，将骄卒惰，可要击也。众皆疑，唯攸与贾诩劝太祖。太祖乃留攸及曹洪守。太祖自将攻破之，尽斩琼等。绍将张郃、高览烧攻橹降，绍遂弃军走。郃之来，洪疑不敢受，攸谓洪曰："郃计不用，怒而来，君何疑？"乃受之。

七年，从讨袁谭、尚于黎阳。明年，太祖方征刘表，谭、尚争冀州。谭遣辛毗乞降请救，太祖将许之，以问群下。群下多以为表强，宜先平之，谭、尚不足忧也。攸曰："天下方有事，而刘表坐保江、汉之间，其无四方志可知矣。袁氏据四州之地，带甲十万，绍以宽厚得众，借使二子和睦以守其成业，则天下之难未息也。今兄弟遘[①]恶，此势不两全。若有所并则力专，力专则难图也。及其乱而取之，天下定矣，此时不可失也。"太祖曰："善。"乃许谭和亲，遂还击破尚。其后谭叛，从斩谭于南皮。冀州平，太祖表封攸曰："军师荀攸，自初佐臣，无征不从，前后克敌，皆攸之谋也。"于是封陵树亭侯。十二年，下令大论功行封，太祖曰："忠正密谋，抚宁内外，文若是也。公达其次也。"增邑四百，并前七百户，转为中军师。魏国初建，为尚书令。

攸深密有智防，自从太祖征伐，常谋谟帷幄，时人及子弟莫知其所言。太祖每称曰："公达外愚内智，外怯内勇，外弱内强，不伐善，无施劳，智可及，愚不可及，虽颜子、甯武不能过也。"文帝在东宫，太祖谓曰："荀公达，人之师表也，汝当尽礼敬之。"攸曾病，世子问病，独拜床下，其见尊异如此。攸与钟繇善，繇言："我每有所行，反覆思惟，自谓无以易；以咨公达，辄复过人意。"公达前后凡画奇策十二，唯繇知之。繇撰集未就，会薨，故世不得尽闻也。攸从征孙权，道薨。太祖言则流涕。

【注释】

①遘：读gòu。

【译文】

后来荀攸又跟随曹操在白马县救助刘延，荀攸施用了谋略斩杀了颜良。这些事记载在《武帝纪》中。曹操攻下白马县回来后，又派遣军队车马器械顺着黄河往西前进。袁绍渡过了黄河追击曹操，突然和曹操相遇。所有的将领都感到害怕，劝说曹操带兵回去保卫自己的营地，荀攸则说："这正是擒获敌人的最好时机，怎么可以退兵而去呢！"曹操望着荀攸而笑。于是就用兵车械器粮食做饵来诱惑敌兵，敌兵见到物资后竞相奔抢，军阵大乱。这时曹操派兵追击，一举大破敌兵，斩杀了对方的将领文丑，曹操终于和袁绍在官渡对峙。曹操军粮快吃光了，荀攸跟他说："袁绍运送粮食军械的车子很快就会来到，他的属将韩莫虽然勇猛但自大轻敌，现在出击可以打败他。"曹操问荀攸说："那么派谁去合适呢？"荀攸说："徐晃就可以。"于是便派徐晃及史涣出击，大获全胜，烧毁了袁绍方所有的军马器械粮食。那时恰逢许攸来投降，告诉曹操他们袁绍派淳于琼等人率领了一万多的士兵来接应运送的粮草，然而他们的将领骄矜士卒怠惰，可以截击他们。大家都不太信任许攸的话，只有荀攸和贾诩劝说曹操听从。曹操于是留荀攸和曹洪镇守大本营。自己则亲自率领军队去攻打袁绍军，一举攻破了他们，并斩杀了淳于琼等人。袁绍的将领张郃、高览烧毁了进攻的橹车前来投降，袁绍抛弃了军队只身逃走。张郃来降，曹洪怀疑而不敢接受，荀攸跟曹洪说："张郃是因为自己的计谋不被采用，愤怒之下而前来求降的，您还怀疑什么呢？”曹洪因此接纳了张郃。

建安七年，荀攸跟随曹操在黎阳县讨伐袁谭、袁尚。建安八年，曹操想要出兵征讨刘表，而袁谭、袁尚两人正在争夺冀州。袁谭派辛毗到曹操处求降请救，曹操想答应，便询问手下群臣的意见。大家都认为刘表兵力强，应该先对付他，袁谭、袁尚是不值得担心的。荀攸却说：“如今正是天下变换的时候，而刘表却坐镇保卫长江、汉水一带地方而不图进取，很显然，他并没有君临天下的心志。袁谭占据四州的土地，手下十万多兵众，袁绍以宽大仁厚取得民心，假使袁家兄弟二人和和睦睦地守卫已有的基业，那么天下的劫难还是无法平息。现在兄弟二人交恶，甚至已经到了势不两立的地步，正是我们消灭他们的时机。假如有一天他们二人讲和，重新团结起来，那想要对付就难了。现在趁着他们争乱时去攻取，则天下可以平定，这个时机是绝对不能失去的。”曹操说：“好。”于是答应了袁谭的和亲，并进兵攻击袁尚，不久就攻破了袁尚。后来袁谭叛变，曹操属下的随从人员在南皮县斩杀了袁谭。冀州平定后，曹操上表给皇帝赞美荀攸说：“军师荀攸，从开始辅佐臣下，没有一次战役他不随侍在旁的，我能前前后后攻克敌兵，都是出自荀攸的策谋。”于是朝廷封荀攸为陵树亭侯。建安十二年，皇上下令从优奖赏有功人员，一切依功行封，曹操说：“为人忠贞正直而且能秘密策谋、安抚内外的，功劳排第一的是文若（荀彧），其次便是公达（荀攸）。”于是增加了四百户的封邑给荀攸，合并以前的一共有七百户，又转任荀攸为中军师。魏国初建立的时候，升任荀攸为尚书令。

荀攸为人深沉周密而且有智巧，能防患未然，自从曹操出兵征伐各地，常在军帐营地里为曹操筹划计谋，当时的人们以至荀攸的子弟都不知道他们谈论的内容。曹操每每称赞荀攸说："荀攸表面愚笨但其实足智多谋，表面怯懦但其实内心勇猛，表面柔弱但其实内心刚强，他不自夸，也不以功自居，他的聪明或许别人可以赶得上，但他外表的愚笨别人是无法企及的，即使是颜渊、甯武子也比不过他。"文帝曹丕做世子时，曹操曾告诉他说："荀攸，是可以做每个人的老师的，你应该用最尊敬的礼节对待他。"荀攸有一次生病，世子（曹丕）来探问他的病情时，独自在床下行跪拜礼，可见荀攸受尊敬的程度。荀攸和钟繇关系非常要好，钟繇说："每次我有所行动时，都会反复地思考，最后自己认为已经不需要更改什么了；然后再去询问荀攸，他却常能给出更高明的意见来。"荀攸曾经前后策划过十二条奇绝的妙计，但是只有钟繇知道。钟繇曾把这些妙计撰写成册集，结果还没有完成，钟繇就去世了，所以世人无法得知荀攸的那些机谋策略。荀攸追随曹操征讨孙权时，在途中去世。曹操每次一谈及他就痛哭流泪。

贾诩传

【原文】

贾诩字文和，武威姑臧人也。少时人莫知，唯汉阳阎忠异之，谓诩有良、平之奇。察孝廉为郎，疾病去官，西还至汧①，道遇叛氐，同行数十人皆为所执。诩曰："我段公外孙也，汝别埋我，我家必厚赎之。"时太尉段颎，昔久为边将，威震西土，故诩假以惧氐。氐果不敢害，与盟而送之，其余悉死。诩实非段甥，权以济事，咸此类也。

董卓之入洛阳，诩以太尉掾为平津都尉，迁讨虏校尉。卓婿中郎将牛辅屯陕，诩在辅军。卓败，辅又死，众恐惧，校尉李傕、郭汜、张济等欲解散，间行归乡里。诩曰："闻长安中议欲尽诛凉州人，而诸君弃众单行，即一亭长能束君矣。不如率众而西，所在收兵，以攻长安，为董公报仇，幸而事济，奉国家以征天下，若不济，走未后也。”众以为然。傕乃西攻长安。语在《卓传》。后诩为左冯翊，傕等欲以功侯之，诩曰：“此救命之计，何功之有！”固辞不受。又以为尚书仆射，诩曰：“尚书仆射，官之师长，天下所望，诩名不素重，非所以服人也。纵诩昧于荣利，奈国朝何！”乃更拜诩尚书，典选举，多所匡济，傕等亲而惮之。会母丧去官，拜光禄大夫。傕、汜等斗长安中，傕复请诩为宣义将军。傕等和，出天子，祐护大臣，诩有力焉。天子既出，诩上还印绶。是时将军段煨屯华阴，与诩同郡，遂去傕托煨。诩素知名，为煨军所望。煨内恐其见夺，而外奉诩礼甚备，诩愈不自安。

【注释】

①汧：读qiān。

【译文】

贾诩字文和，武威县姑臧人。年少的时候，没有人知道他，只有汉阳人阎忠觉得他是个优异的人才，认为贾诩有张良、陈平的谋略。后来，贾诩被推选为孝廉，担任郎官，因为身染疾病而辞去官职，向西走去往汧县，途中，贾诩遇到了反叛的氐族人，和贾诩同行的几十个人都被他们抓住。贾诩跟那些人说：“我是段公的外孙，你们千万不要活埋我，我家人一定会以厚礼来赎买我的。”贾诩所说的段公是太尉段颎，他以前曾经做过很长时间的边将，功劳很大，在西部各地极有威势，所以贾诩借他的名头来恐吓氐族人。那些氐族人果然害怕了，不敢伤害贾诩，而是和他互结盟好然后把他护送回去了，跟贾诩一同被抓的人都被杀死了。事实上，贾诩并不是段家的外甥，他只是能权衡变局以渡过危难，他曾做过许多类似的事情。

董卓进入洛阳后，贾诩以太尉掾的身份任平津都尉，后被升迁为讨虏校尉。董卓的女婿中郎将牛辅屯兵在陕地，贾诩在牛辅的军队中任职。董卓失败后不久，牛辅也死了，大家都感到害怕，当时的校尉李傕、郭汜、张济等人都想解散军队，走小道回还故里。贾诩说："听说长安中正在商议想把凉州人全部杀掉，而你们抛弃军队单独行动，那么就算是一个亭长也能把你捆绑起来。要我说，你们还不如率领着兵众向西去，在所经过的地方收编兵卒，然后进攻长安，为董卓报仇，如果能幸运地完成任务，就遵奉国家的命令来征讨天下，如果不幸失败，再逃走也不算晚。"大家都认为贾诩的话有理。于是李傕向西进，攻打长安。这些事迹均记载在《董卓传》中。后来贾诩做了左冯翊，李傕等人想按他的功业而封他为侯爵，贾诩说道："这是救命的策略，哪能算什么功劳！"坚持拒绝不肯接受。李傕等人又要任他为尚书仆射，贾诩又说："尚书仆射，是百官中的师长，为天下人所仰望，我贾诩没有什么名声，不足以服众。纵使我贾诩贪功恋赏接受了，又怎能对得起朝廷呢！"于是改拜贾诩为尚书，主管选举事宜。贾诩在任内做了很多好事，李傕等人虽然和他很亲近，但是也都有些惧怕他。贾诩母亲去世，他辞官归家服丧，后来被任命为光禄大夫。李傕、郭汜等人在长安争斗，李傕又请贾诩做宣义将军。后来李傕等人和好，天子平安离开长安，保护大臣，这些事都是贾诩的功劳。天子离开了长安后，贾诩向天子送还了印信组绶。这个时候，将军段煨屯兵在华阴县，他和贾诩是同乡，于是贾诩便离开李傕而依附在段煨处。贾诩一向颇有名望，段煨手下的军士们都非常尊敬他。段煨害怕贾诩夺取自己的兵权，外表却又装出尊奉贾诩的样子，贾诩心中感到不安。

【原文】

张绣在南阳，诩阴结绣，绣遣人迎诩。诩将行，或谓诩曰："煨待君厚矣，君安去之？"诩曰："煨性多疑，有忌诩意，礼虽厚，不可恃，久将为所图。我去必喜，又望吾结大援于外，必厚吾妻子。绣无谋主，亦愿得诩，则家与身必俱全矣。"诩遂往，绣执子孙礼，煨果善视其家。诩说绣与刘表连和。太祖比征之，一朝引军退，绣自追之。诩谓绣曰："不可追也，追必败。"绣不从，进兵交战，大败而还。诩谓绣曰："促更追之，更战必胜。"绣谢曰："不用公言，以至于此。今已败，奈何复追？"诩曰："兵势有变，亟往必利。"绣信之，遂收散卒赴追，大战，果以胜还。问诩曰："绣以精兵追退军，而公曰必败；退以败卒击胜兵，而公曰必克。悉如公言，何其反而皆验也？"诩曰："此易知耳。将军虽善用兵，非曹公敌也。军虽新退，曹公必自断后；追兵虽精，将既不敌，彼士亦锐，故知必败。曹公攻将军无失策，力未尽而退，必国内有故；已破将军，必轻军速进，纵留诸将断后，诸将虽勇，亦非将军敌，故虽用败兵而战必胜也。"绣乃服。是后，太祖拒袁绍于官渡，绍遣人招绣，并与诩书结援。绣欲许之，诩显于绣坐上谓绍使曰："归谢袁本初，兄弟不能相容，而能容天下国士乎？"绣惊惧曰："何至于此！"窃谓诩曰："若此，当何归？"诩曰："不如从曹公。"绣曰："袁强曹弱，又与曹为仇，从之如何？"诩曰："此乃所以宜从也。夫曹公奉天子以令天下，其宜从一也。绍强盛，我以少众从之，必不以我为重。曹公众弱，其得我必喜，其宜从二也。夫有霸王之志者，固将释私怨，以明德于四海，其宜从三也。愿将军无疑！”绣从之，率众归太祖。太祖见之，喜，执诩手曰：“使我信重于天下者，子也。”表诩为执金吾，封都亭侯，迁冀州牧。冀州未平，留参司空军事。

袁绍围太祖于官渡，太祖粮方尽，问诩计焉出，诩曰：“公明胜绍，勇胜绍，用人胜绍，决机胜绍，有此四胜而半年不定者，但顾万全故也。必决其机，须臾可定也。”太祖曰：“善。”乃并兵出，围击绍三十余里营，破之。绍军大溃，河北平。太祖领冀州牧，徙诩为太中大夫。建安十三年，太祖破荆州，欲顺江东下。诩谏曰：“明公昔破袁氏，今收汉南，威名远著，军势既大；若乘旧楚之饶，以飨吏士，抚安百姓，使安土乐业，则可不劳众而江东稽服矣。”太祖不从，军遂无利。太祖后与韩遂、马超战于渭南，超等索割地以和，并求任子。诩以为可伪许之。又问诩计策，诩曰：“离之而已。”太祖曰：“解。”一承用诩谋。语在《武纪》。卒破遂、超，诩本谋也。

【译文】

张绣在南阳县，贾诩暗中勾结张绣，张绣就派人去迎接贾诩。贾诩准备去张绣那里时，有人跟贾诩说：“段煨对你那么好，你怎么忍心离去？”贾诩回答说：“段煨性情多疑，有忌惮我的意思，他对待我的礼节虽然不薄，但这是不可依恃的，日子久了我一定会被他算计。我走了，他一定很高兴，而且也希望我到外头去求取大的援助，他也必定会厚待我的妻子儿女。张绣正缺少一个主力谋臣，也希望我去，那么我个人和家庭两方都获得保全了。”贾诩前往张绣处，张绣用晚辈见长辈的礼节来对待贾诩，段煨果然极为照顾贾诩的家室。贾诩游说张绣与刘表联合。曹操出兵征伐张绣，无功而退，张绣要亲自追击。贾诩马上跟张绣说：“不可以去追击他，追击他一定会失败。”张绣不听贾诩的意见，派兵前往追击曹操，结果大败。贾诩这时跟张绣说：“现在赶紧再极力追讨，这次一定可以获胜。”张绣谢绝说：“之前因为没有听从你的话，结果失败了。现在已经失败了，为何你还要我继续追击呢？”贾诩回答他说：“出兵作战的形势是随时变化的，现在立刻前往追击一定会获胜。”张绣采纳了贾诩的建议，于是收拾刚刚战败的军队前往追击，果然大获全胜。张绣回来后，问贾诩说：“我带着精锐的士兵追击引退的军队，而你却说一定会失败；等到我战败归来后，改用战败的兵卒进攻骄胜的兵士，而你却说一定会胜利。结果都如你所说，为何两次相反的结果都一一应验了？”贾诩回答说：“道理很简单，将军虽然善于用兵，但绝非曹操的对手。他们的军队虽然刚刚引退，但曹操一定会亲自殿后，以阻挡追兵；你带去追讨的军队虽然精良，但将军既然用兵不如曹操，而且他们的士卒也很锋锐，所以知道你一定会遭遇失败。曹操进兵攻打我们，从来没有失策过，而且也没有倾全力来战，结果却带兵退回，一定是国家有了变故，因此会急着回去；现在他又已经打退了将军的追击，一定不会再严加戒备，即使留了一些将领殿后，这些将领虽然勇猛，也不是将军你的对手，所以虽然我们用刚刚战败的军队，也一定能获胜。”张绣听了后，十分佩服。后来，曹操在官渡抵抗袁绍的军队，袁绍派人去招揽张绣，并且写了封信给贾诩，请求支援。张绣想答应，贾诩就公然地在张绣面前跟袁绍的使者说：“回去告诉袁本初，兄弟之间尚且不能互相容纳的人，能容得下天下的贤人国士吗？”张绣听后大为惊慌，害怕地说：“何至于到这种地步！”随即私下对贾诩说：“既然如此，那么我们该何去何从？”贾诩说：“不如归附曹操。”张绣又问：

“袁绍兵强曹操力弱，而且我们又和曹操有仇，怎么能去归附他呢？”贾诩回答：“这正是我们应该归附曹操的理由。曹操尊奉天子以令诸侯，这是应该归附他的第一个原因。袁绍兵多将广，实力雄厚，我们力量小，归附他，他一定不会重视我们。而曹操则兵寡将少，他能得到我们，一定感到非常欣喜，会更加重视我们，这是应该归附的第二个原因。凡是有称王称霸于天下有雄心大志的人，一定会抛弃私人恩怨，以大公无私的崇高的德行行走四海，因此曹操肯定不会记恨我们，这是应该归附的第三个原因。希望将军你千万不要再迟疑了！”张绣果然听从了贾诩的建议，率领部下归附了曹操。曹操见到他们，非常高兴，握着贾诩的手说：“使我的威信显布于天下的人，就是你啊。”之后上表朝廷，推荐贾诩为执金吾，又封他为都亭侯，升任为冀州牧。因为当时冀州还未平定，便留贾诩做了司空参军。

袁绍在官渡围攻曹操，曹操的粮食快要吃完了，便问贾诩该怎么办，贾诩告诉曹操说：“曹公你的明智胜过袁绍，勇气胜过袁绍，用人也胜过袁绍，决策机变更是胜过袁绍，拥有这四个优势，却在半年内无法打败他，就是因为你一直想用最为稳妥的方式打败他们。其实，一旦掌握了打败他们的时机，顷刻之间就可获得胜利。”曹操回答说：“好的。”于是合并军队出兵进攻，结果，将袁绍三十多里的营阵全部击破。袁绍军队大败，黄河以北一带地方顺利平定。曹操做了冀州州牧，同时升迁贾诩为太中大夫。建安十三年，曹操攻破荆州，想顺着长江东下，进攻东吴。贾诩进谏说：“您攻破袁氏，如今又收复了汉南一带，威望名誉远播各地，目前军队声势浩大，如果凭借现有的富饶土地，养精蓄锐，抚慰人民，使百姓都能安居乐业，那么就可以不必劳师动众而让江东地区俯首称臣了。”曹操不肯接受贾诩的谏言，出兵东吴，遭遇惨败。曹操后来在渭南一带和韩遂、马超作战，马超等人请求割地讲和，并且愿意派自己的一个儿子做人质。贾诩认为可以假装答应他。曹操又问贾诩该采什么策略，贾诩说：“离间他们就行了。”曹操说：“知道了。”之后完全使用贾诩的计谋。这些事迹全部记载在《武帝纪》中。最后曹操成功地打败了韩遂、马超，都是贾诩在出谋划策。

【原文】

是时，文帝为五官将，而临菑侯植才名方盛，各有党与，有夺宗之议。文帝使人问诩自固之术，诩曰：“愿将军恢崇德度，躬素士之业，朝夕孜孜，不违子道。如此而已。”文帝从之，深自砥砺。太祖又尝屏除左右问诩，诩嘿然不对。太祖曰：“与卿言而不答，何也？”诩曰：“属适有所思，故不即对耳。”太祖曰：“何思？”诩曰：“思袁本初、刘景升父子也。”太祖大笑，于是太子遂定。诩自以非太祖旧臣，而策谋深长，惧见猜疑，阖门自守，退无私交，男女嫁娶，不结高门，天下之论智计者归之。

文帝即位，以诩为太尉，进爵魏寿乡侯，增邑三百，并前八百户。又分邑二百，封小子访为列侯。以长子穆为驸马都尉。帝问诩曰：“吾欲伐不从命以一天下，吴、蜀何先？”对曰：“攻取者先兵权，建本者尚德化。陛下应期受禅，抚临率土，若绥之以文德而俟其变，则平之不难矣。吴、蜀虽蕞尔小国，依阻山水，刘备有雄才，诸葛亮善治国，孙权识虚实，陆议见兵势，据险守要，泛舟江湖，皆难卒谋也。用兵之道，先胜后战，量敌论将，故举无遗策。臣窃料群臣，无备、权对，虽以天威临之，未见万全之势也。昔舜舞干戚而有苗服，臣以为当今宜先文后武。”文帝不纳。后兴江陵之役，士卒多死。诩年七十七，薨，溢曰肃侯。子穆嗣，历位郡守。穆薨，子模嗣。

【译文】

这时，曹丕做了五官中郎将，临菑侯曹植也正处于才华名气正盛的时刻，两个人都有自己的党属，于是便有了让曹植取代曹丕做世子的议论声。曹丕派人去请教贾诩，问怎么才能巩固自己的地位，贾诩告诉他说："希望将军你广修德行，勤奋做人，不违背做人子的德行，这样就可以了。"曹丕听从贾诩的劝告，努力修养德行、磨炼自己。曹操也曾经支开左右侍从，询问贾诩该立谁为最终接班人，贾诩默不作声，不回答曹操的问话。曹操说："我问你话你却不回答，为什么？"贾诩这时才说道："我刚才在思考问题，所以没有即刻回答你的话。"曹操就问他："你在思考什么？"贾诩说："我在想袁绍和刘表父子的事情！"曹操听后放声大笑，从此不再犹疑，太子的位子也最终决定了。贾诩觉得自己不是曹操的旧臣，而又擅长深谋远虑，害怕时间久了被人猜疑，因此闭门自守，从不私自结交官门，儿女的婚娶之事，也不攀附高贵门第，天下人议论谁是有智谋的人时，都会推重他。

文帝曹丕即位后，任命贾诩为太尉，封为魏寿乡侯，又增加了三百户的封邑，合并以前的共有八百户封邑。又分出二百户的封邑，给了贾诩的小儿子贾访，并封贾访为列侯。同时任命贾诩的大儿子贾穆为驸马都尉。曹丕曾问贾诩说："我想出兵攻打那些不服从命令的人，从而统一天下，你觉得吴、蜀二国，先打哪个好呢？"贾诩回答说："攻取天下，武力最重要，而建国的根本在于崇尚道德教化。陛下上应天命，接受禅让，应该亲自抚慰天下，以文德修志来让百姓信服，等到吴、蜀发生变化，便可以乘机攻取他们。吴、蜀虽然微小，却依傍着山险阻隔着江水，有地利。而且，刘备有大才略，诸葛亮又善于治国，孙权则能明识虚实，陆议看得清军事形势，他们一个依据天险固守要塞，一个在江湖上泛舟防守，都是不能仓促间就能攻取的。但凡用兵的道理，要料定必然获胜然后才能出兵，先要估量敌情才能决定用哪个将军出征，这样就不会失算。我个人认为您属下的这些人，没有人是刘备和孙权的对手，即使陛下以天威亲自讨伐他们，也不见得就万无一失。从前虞舜舞动盾牌和长斧而有苗人来归服，我认为当今要务是以文治国然后再以武力定天下。”曹丕不肯接纳贾诩的建议。后来就发动了江陵战役，结果士卒死亡甚多。贾诩七十七岁时逝世，谥号为肃侯。他的儿子贾穆继承了贾诩的职位，历位郡守。贾穆死后，他的儿子贾模接位。

许褚传

【原文】

许褚字仲康，谯国谯人也。长八尺余，腰大十围，容貌雄毅，勇力绝人。汉末，聚少年及宗族数千家，共坚壁以御寇。时汝南葛陂贼万余人攻褚壁，褚众少不敌，力战疲极。兵矢尽，乃令壁中男女，聚治石如杅斗者置四隅。褚飞石掷之，所值皆摧碎。贼不敢进。粮乏，伪与贼和，以牛与贼易食，贼来取牛，牛辄奔还。褚乃出陈前，一手逆曳牛尾，行百余步。贼众惊，遂不敢取牛而走。由是淮、汝、陈、梁间，闻皆畏惮之。

太祖徇淮、汝，褚以众归太祖。太祖见而壮之曰：“此吾樊哙也。”即日拜都尉，引入宿卫。诸从褚侠客，皆以为虎士。从征张绣，先登，斩首万计，迁校尉。从讨袁绍于官渡。

时常从士徐他等谋为逆，以褚常侍左右，惮之不敢发。伺褚休下日，他等怀刀入。褚至下舍心动，即还侍。他等不知，入帐见褚，大惊愕。他色变，褚觉之，即击杀他等。太祖益亲信之，出入同行，不离左右。从围邺，力战有功，赐爵关内侯。

【译文】

许褚，字仲康，谯国谯县人。身高有八尺多，腰粗十围，容貌勇武，力气过人。汉朝末年时候，许褚召集家乡少年以及同族约数千人，共同修建防御工事，抵抗贼寇。当时，汝南的贼兵葛陂带领了一万多人来攻打许褚的防御堡垒。许褚方人少，不能抵敌，一番酣战，差不多都筋疲力尽了。很快，箭也用完了，于是许褚下令，人不分男女，都去找石头，之后放在堡垒的四周。然后许褚拿石头飞掷敌人，因为他力气极大，被打到的都被砸死了，有的甚至骨头都砸碎了；贼兵因此不敢前进。堡垒内缺少粮食，许褚便假装和敌人讲和，约定用牛和敌人换取粮食。当敌人想把牛牵走时，牛又跑了回来。许褚走到敌军前面，一只手倒拉着牛尾巴，拖着牛走了一百多步。敌兵见了，都吓坏了，牛也不敢要了，纷纷逃走。从此淮水、汝水、陈、梁一带的人，听到许褚的名字都很害怕。

曹操攻下淮水、汝水之后，许褚带着他的部属，投奔曹操。曹操很欣赏他，说：“这就是我的樊哙啊！”当即就任命他为都尉，让他进账护卫；那些一直跟随着许褚的侠客，曹操也都任命为虎士。许褚曾跟随曹操讨伐张绣，征战中冲锋陷阵，斩杀首级数以万计，因此被升为校尉；又跟随曹操到官渡攻打袁绍。当时，经常护卫在曹操左右的侍卫徐他等人想要谋反，就是因为许褚常常跟在曹操身边，所以始终没敢动手。后来趁着许褚换班休息的时候，才揣了尖刀进入曹操的营帐。结果，那天许褚回到住处后，突然一阵心慌，便立刻回到曹操的营帐守卫；徐他等人事先不知道许褚又回来了，一进营帐，看见许褚，大吃一惊，不禁脸色大变，许褚察觉到异常，立刻把徐他等人杀了。曹操从此对许褚更加信任，每次进出，都和他在一起，不让他离开身边。许褚跟随曹操进攻邺城县，奋勇杀敌，立下战功，曹操封他为关内侯。

【原文】

从讨韩遂、马超于潼关。太祖将北渡，临济河，先渡兵，独与褚及虎士百余人留南岸断后。超将步骑万余人，来奔太祖军，矢下如雨。褚白太祖，贼来多，今兵渡已尽，宜去，乃扶太祖上船。贼战急，军争济，船重欲没。褚斩攀船者，左手举马鞍蔽太祖。船工为流矢所中死，褚右手并溯船[①]，仅乃得渡。是日，微褚几危。其后太祖与遂、超等单马会语，左右皆不得从，唯将褚。超负其力，阴欲前突太祖，素闻褚勇，疑从骑是褚。乃问太祖曰："公有虎侯者安在？"太祖顾指褚，褚瞋目眄之。超不敢动，乃各罢。后数日会战，大破超等，褚身斩首级，迁武卫中郎将。武卫之号，自此始也。军中以褚力如虎而痴，故号曰虎痴；是以超问虎侯，至今天下称焉，皆谓其姓名也。

褚性谨慎奉法，质重少言。曹仁自荆州来朝谒，太祖未出，入与褚相见于殿外。仁呼褚入便坐语，褚曰："王将出。"便还入殿，仁意恨之。或以责褚曰："征南宗室重臣，降意呼君，君何故辞？"褚曰："彼虽亲重，外藩也。褚备内臣，众谈足矣，入室何私乎？"太祖闻，愈爱待之，迁中坚将军。太祖崩，褚号泣呕血。文帝践阼，进封万岁亭侯，迁武卫将军，都督中军宿卫禁兵，甚亲近焉。初，褚所将为虎士者从征伐，太祖以为皆壮士也，同日拜为将，其后以功为将军封侯者数十人，都尉、校尉百余人，皆剑客也。

明帝即位，进封牟乡侯，邑七百户，赐子爵一人关内侯。褚薨，谥曰壮侯。子仪嗣。褚兄定，亦以军功封为振威将军，都督徼道虎贲。太和中，帝思褚忠孝，下诏褒赞，复赐褚子孙二人爵关内侯。

【注释】

①溯：读sù。溯船：即划船。

【译文】

许褚跟随曹操去潼关讨伐韩遂、马超。曹操准备渡河向北，到了河边，大军先过去，曹操和许褚以及一百多名勇士留在南岸断后。这时，马超带领一万多名军士向曹操直杀过来，箭如雨点一般落下。许褚跟曹操说，敌兵愈来愈多，现在大军已经过河了，您应该赶快离去。于是扶曹操上船。这时马超追杀得更急了，士兵们都争着往船上爬，结果船超重，几乎要沉没。许褚挥刀砍杀了正往上攀爬的人以减少船的重量，左手举着马鞍替曹操遮挡飞箭；船夫被流箭射死，许褚就用右手撑船，这样船才勉强渡河。这天，如果没有许褚，曹操就危险了。后来曹操约韩遂、马超单马于阵前会谈，都不带随从，而只带了许褚。马超仗着自己力气大，想乘机偷袭，活捉曹操。他听说曹操手下有个许褚，异常勇猛，怀疑跟在曹操身后的就是许褚，便问曹操，说："听说你手下有一员虎侯，不知在哪儿？"曹操指了指许褚，许褚则瞪圆了眼睛盯着马超。马超因此不敢贸然行动，最后双方又回到了各自的营帐。没几天，两军开战，许褚又斩杀了许多敌人，因此被升为武卫中郎将。武卫这个名号，就是从这时开始叫起的。当时，军中将士因为觉得许褚力大如虎，又憨厚可亲，便都叫他虎痴，所以马超才有虎侯之问，到现在天下人依然用这个称呼他，甚至很多人以为这就是他的姓名。

许褚生性谨慎，恪职守法，为人朴实憨厚，不爱说话。曹仁从荆州来许昌拜见曹操，曹操还没有出来，曹仁便直接进去，在殿外碰见许褚；曹仁招呼许褚坐下聊天，没想到许褚只说了句："魏王就要出来了。"便转身入殿了。曹仁很是生气，有人因为这事责备许褚说："征南将军曹仁是王室宗族，又是国家的重臣，他肯屈尊与你打招呼，跟你聊天，你为什么反而推辞了呢？"许褚说："他虽然是王室亲族、国家重臣，却驻守在外；而我是负责守卫的内侍之臣，有话在大庭广众说就可以了，何必要入室私聊呢？"曹操听说后对许褚更加宠信，升任他为中坚将军。曹操去世，许褚痛哭流涕，口吐鲜血；曹丕称帝后，封许褚为万岁亭侯，升任武卫将军，率领中军宿卫禁兵，与他特别亲近。当初追随许褚的那些虎士，也深得曹操欣赏，曹操觉得他们都是壮士，在同一天将他们都任命为部将。后来，这些人中，因为战功而被升为将军并且封侯的有好几十人；做了都尉、校尉的有一百多人，这些人都是剑客。魏明帝曹睿即位后，封许褚为牟乡侯，赐给他七百户的封邑；册封许褚的一个儿子为关内侯。许褚死后，朝廷谥号壮侯，他的儿子许仪继承了许褚的爵位。许褚的哥哥许定也因为有战功，被封为振威将军，统领负责警卫的勇士。太和年间，明帝曹睿思念许褚的忠、孝，于是下诏表扬，同时又赐给许褚的子孙两个关内侯的爵位。

典韦传

【原文】

典韦，陈留己吾人也。形貌魁梧，旅力[1]过人，有志节任侠。襄邑刘氏与睢阳李永为仇，韦为报之。永故富春长，备卫甚谨。韦乘车载鸡酒，伪为候者，门开，怀匕首入杀永，并杀其妻，徐出，取车上刀戟，步出。永居近市，一市尽骇。追者数百，莫敢近。行四五里，遇其伴，转战得脱。由是为豪杰所识。初平中，张邈举义兵，韦为士，属司马赵宠。牙门旗长大，人莫能胜，韦一手建之，宠异其才力。后属夏侯惇，数斩首有功，拜司马。太祖讨吕布于濮阳。布有别屯在濮阳西四五十里，太祖夜袭，比明破之。未及还，会布救兵至，三面掉战。时布身自搏战，自旦至日昳数十合，相持急。太祖募陷陈，韦先占，将应募者数十人，皆重衣两铠，弃楯，但持长矛撩戟。时西面又急，韦进当之，贼弓弩乱发，矢至如雨，韦不视，谓等人曰："虏来十步，乃白之。"等人曰："十步矣。"又曰："五步乃白。"等人惧，疾言"虏至矣"！韦手持十余戟，大呼起，所抵无不应手倒者。布众退。会日暮，太祖乃得引去。拜韦都尉，引置左右，将亲兵数百人，常绕大帐。韦既壮武，其所将皆选卒，每战斗，常先登陷陈。迁为校尉。性忠至谨重，常昼立侍终日，夜宿帐左右，稀归私寝。好酒食，饮啖兼人，每赐食于前，大饮长歠[②]，左右相属，数人益乃供，太祖壮之。韦好持大双戟与长刀等，军中为之语曰："帐下壮士有典君，提一双戟八十斤。"

【注释】

①旅力：体力，力气。②歠：读chuò，通"啜"，饮、喝的意思。

【译文】

典韦，陈留郡己吾县人。典韦身材魁梧，力气过人，有志向操守，好行侠仗义。襄邑县人刘某，曾经和睢阳人李永结下怨仇，请典韦替他报仇。李永曾经做富春县令，平时门禁森严，典韦于是驾着车，装上鸡和酒，假装是拜访的客人。大门一开，典韦拿着匕首就冲进去，杀了李永和他的妻子儿女，然后慢慢走出大门，拿了车上的刀戟走了。李永居住在市中心，全市的人都非常害怕，有几百个人在后面追典韦，却没有人敢靠近他。典韦就这样走了四五里路，最后遇到他的同伴，边战边退，最后逃脱。从此当地的豪杰都知道了典韦这个人。初平年间，张邈举义起兵，典韦前去应招，被任命为士，在司马赵宠手下听令。当时，军营的旗帜又长又大，一般人都拿不动，而典韦只用一只手就能轻而易举地竖起来，赵宠对他的力气感到惊奇。后来，典韦归夏侯惇统领，多次参加作战，都有斩获，立了不少功绩，因此被封为司马。曹操在濮阳县征讨吕布时，吕布有一部分军队屯驻在濮阳西面四五十里的地方；曹操夜间去偷袭这部分人，黎明时候，终于得胜；然而军队还没有撤回，吕布的援军就到了。吕布亲自督战，三面同时进攻，夹击曹操，从清晨到太阳偏西，双方交战了好几十回合，情况相当危急。曹操无法逃脱，便招募敢死队，典韦率先响应，接着陆续有人应召，一共募得几十人，大家都穿着厚重的盔甲，不带盾牌，只拿着矛戟作战。当时西面战情最为危急，便派典韦抵挡。敌人弓箭乱发，箭像雨点一般落下来，典韦却视若无睹，只是跟手下的人说："等敌人距离十步的时候，告诉我。"等手下的人报告说："十步了。"典韦又吩咐："等敌人距离五步的时候，再告诉我。"典韦手下的人都害怕，急忙喊道"敌人已经到了"！典韦便拿起十余根矛戟，大喊一声，奋勇而出，所到之处，敌人被他纷纷击倒。吕布的军队终于撤退，正好天色也晚了，曹操乘机回营。典韦因此被升为都尉，曹操把他安置在身边，让他带领亲信手下数百人，在曹操营帐周围巡逻。典韦身材高大，他的那些手下也都是精挑细选出的

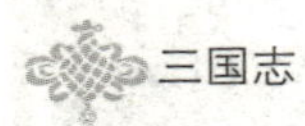

部卒；每次战斗，他们都一马当先，冲锋陷阵，因此被升为校尉。典韦性情忠诚，谨慎稳重，常常是白天站着侍卫了一天，晚上就在曹操营帐附近睡觉，很少回自己住处休息。典韦喜欢喝酒吃肉，且酒量饭量都超过常人，每次在曹操赏赐酒宴，他都尽情大吃大喝，送酒送菜的人接连不断。曹操非常赞许他的豪壮。典韦喜欢用大双戟和长刀等兵器，军中都知道他，还编了歌唱他的事："帐下壮士有典君，提一双戟八十斤。"

【原文】

太祖征荆州，至宛，张绣迎降。太祖甚悦，延绣及其将帅，置酒高会。太祖行酒，韦持大斧立后，刃径尺，太祖所至之前，韦辄举斧目之。竟酒，绣及其将帅莫敢仰视。后十余日，绣反，袭太祖营，太祖出战不利，轻骑引去。韦战于门中，贼不得入。兵遂散从他门并入。时韦校尚有十余人，皆殊死战，无不一当十。贼前后至稍多，韦以长戟左右击之，一叉入，辄十余矛摧。左右死伤者略尽。韦被数十创，短兵接战，贼前搏之。韦双挟两贼击杀之，余贼不敢前。韦复前突贼，杀数人，创重发，瞋目大骂而死。贼乃敢前，取其头，传观之，覆军就视其躯。太祖退住舞阴，闻韦死，为流涕，募间取其丧，亲自临哭之，遣归葬襄邑，拜子满为郎中。车驾每过，常祠以中牢。太祖思韦，拜满为司马，引自近。文帝即王位，以满为都尉，赐爵关内侯。

【译文】

曹操攻打荆州，行军到了宛县，张绣投降，曹操非常高兴，便请张绣和他手下将帅们聚会宴饮。曹操起身敬酒的时候，典韦便拿着大斧站在他身后，大斧的刃有一尺多长，曹操每到一个人面前，典韦就拿着大斧两眼注视着那个人；一直到酒宴结束，张绣和他手下的将领们没一个敢抬头看的。过了十几天，张绣反叛，袭击曹操的营区，曹操交战不利，领着少数人先逃跑了。典韦在营区门口抵挡追兵，张绣兵士无法从正门进入，于是分散从其他侧门涌进；当时典韦手下有十几个人，都拼死战斗，全都以一当十。敌兵愈聚愈多，典韦拿着长戟，左右攻击，长戟一叉，就能击毁对方十几只长矛。最后，典韦手下部将死的死、伤的伤，典韦身上也被伤了十几处，最后与敌人短兵相接，展开肉搏战。典韦抓住两个敌兵，将其杀死，然后当作武器挥舞着攻打敌人，敌方其他士兵都不敢再向前来；典韦于是又向前突围，杀了几个人，最后重伤发作，不支倒地，临死前还瞪着眼睛大骂敌人。典韦一死，敌兵才敢向前，他们割下典韦的头颅，争相传阅，所有人都来看他的尸体。曹操退守到舞阴，听说典韦死了，不禁伤心落泪，之后招募勇士偷回典韦的尸体，亲自为典韦发丧，到灵前祭吊，然后将遗体送回襄邑安葬。曹操还封典韦的儿子典满为郎中。每次车驾经过襄邑，曹操都会以中牢之礼祭祀典韦。后来，曹操追念典韦，又封典满为司马，并让他随侍左右。曹丕做了魏王后，封典满为都尉，并赐给他关内侯的爵位。

蜀书

先主传

【原文】

先主姓刘，讳备，字玄德，涿郡涿县人，汉景帝子中山靖王胜之后也。胜子贞，元狩六年封涿县陆城亭侯，坐酎金失侯，因家焉。先主祖雄，父弘，世仕州郡。雄举孝廉，官至东郡范令。

先主少孤，与母贩履织席为业。舍东南角篱上有桑树生高五丈余，遥望见童童如小车盖，往来者皆怪此树非凡，或谓当出贵人。先主少时，与宗中诸小儿于树下戏，言："吾必当乘此羽葆盖车。"叔父子敬谓曰："汝勿妄语，灭吾门也！"年十五，母使行学，与同宗刘德然、辽西公孙瓒俱事故九江太守同郡卢植。德然父元起常资给先主，与德然等。元起妻曰："各自一家，何能常尔邪！"起曰："吾宗中有此儿，非常人也。"而瓒深与先主相友。瓒年长，先主以兄事之。先主不甚乐读书，喜狗马、音乐、美衣服。身长七尺五寸，垂手下膝，顾自见其耳。少语言，善下人，喜怒不形于色。好交结豪侠，年少争附之。中山大商张世平、苏双等赀[①]累千金，贩马周旋于涿郡，见而异之，乃多与之金财。先主由是得用合徒众。

灵帝末，黄巾起，州郡各举义兵，先主率其属从校尉邹靖讨黄巾贼有功，除安喜尉。督邮以公事到县，先主求谒，不通，直入缚督邮，杖二百，解绶系其颈着马枊，五葬反。弃官亡命。顷之，大将军何进遣都尉毌丘毅诣丹杨募兵，先主与俱行，至下邳遇贼，力战有功，除为下密丞。复去官。后为高唐尉，迁为令。为贼所破，往奔中郎将公孙瓒，瓒表为别部司马，使与青州刺史田楷以拒冀州牧袁绍。数有战功，试守平原令，后领平原相。郡民刘平素轻先主，耻为之下，使客刺之。客不忍刺，语之而去。其得人心如此。

【注释】

①赀：读zī，资助。

【译文】

先主姓刘，名备，字玄德，涿郡涿县人，是汉景帝的儿子中山靖王刘胜的后裔。刘胜的儿子刘贞，在汉武帝元狩六年被封为涿县陆城亭侯。后来因为违反了酎金的规定，失去侯爵，因此便安家在涿县，世代常住。先主刘备的祖父是刘雄，父亲为刘弘，世代都在州郡为官。刘雄曾被举为孝廉，官至东郡范县县令。

刘备年少丧父，与母亲一起靠卖鞋织席为生。他家东南角的篱笆外，生有一棵桑树，长得五丈多高，远远望去，枝叶茂密，如同一个小车盖。从此路过的人，都觉得这棵树很不平凡，其中，就有人说过，此地必出贵人。刘备年少时，和同宗的许多小孩子在树下游戏，曾说："我一定能乘坐像这棵桑树一样的鸟羽毛编成华盖的车。"刘备的叔父刘子敬对刘备说："你不要胡说，是会遭灭族之祸的。"刘备十五岁时，母亲让他去游学。刘备和同宗刘德然、辽西人公孙瓒等人都在前九江太守，也是他们的同乡卢植门下读书。刘德然的父亲叫刘元起，经常出钱资助刘备上学，且每次所给的钱数和自己儿子刘德然相同。刘元起的妻子偶有不满，说："德然和刘备，各自有家，本不是一家人，你怎能经常如此呢？"刘元起回答："我们宗族中有这样一个孩子，不是平常的人，值得我们去帮助。"公孙瓒和刘备友谊深厚。公孙瓒年纪稍大，刘备像对待哥哥那样对待公孙瓒。刘备不太喜欢读书，而是喜欢玩狗马、赏音乐、穿华美的衣服。他身高七尺五寸，两手下垂时手指可到膝盖以下，且两耳奇大，他甚至可以看见自己的双耳。刘备说话很少，善于谦让，即使心中有喜怒之情，也不会表现在脸上。他喜好结交豪侠人士，许多年少豪壮的人都争相归附于他。中山国的大商人张世平、苏双等人，都有千金资产，以贩卖马匹为业，一直在涿郡周边活动，他们见到刘备后，感到他异于常人，于是给了他很多金银。刘备因此有钱招揽徒众。

汉灵帝末年，黄巾军起义爆发，各州各郡都募集义兵平乱。刘备也参与其中，率领手下的从属们跟着校尉邹靖去讨伐黄巾军，因屡有功绩，被封为安喜县尉。督邮因公事到县，刘备求见督邮，结果对方傲慢回绝。结果刘备径自闯入，将督邮抓住，捆绑起来，杖责了两百下。之后，刘备解下了自己的印绶，挂在了督邮的脖子上，然后将督邮绑在拴马柱上，自己弃官而逃了。过了一段时间，大将军何进派遣都尉毌丘毅到丹杨县招募兵士，刘备和毌丘毅一路。到下邳城时，遇到黄巾军。刘备因为力战有功，被封为下密丞。结果不久后又离职而去。后来他做了高唐尉，又被升迁为高唐县令。高唐县被黄巾军攻破后，刘备投奔了中将军公孙瓒。公孙瓒向朝廷上表，举荐刘备为别部司马，之后派刘备和青州刺史田楷合力抗拒冀州牧袁绍。后来，刘备因为屡次立下战功，升迁为平原县令，后来又兼任平原相。当时，郡中有个刘平，一向看不起刘备，并以居于刘备之下为耻，便暗中派刺客去刺杀刘备。结果，刺客见到刘备后，不忍心下手，反而将自己来行刺的始末告诉了刘备，之后离去。刘备之得人心，竟然能到如此地步。

【原文】

袁绍攻公孙瓒，先主与田楷东屯齐。曹公征徐州，徐州牧陶谦遣使告急于田楷，楷与先主俱救之。时先主自有兵千余人及幽州乌丸杂胡骑，又略得饥民数千人。既到，谦以丹杨兵四千益先主，先主遂去楷归谦。谦表先主为豫州刺史，屯小沛。谦病笃，谓别驾麋竺曰："非刘备不能安此州也。"谦死，竺率州人迎先主，先主未敢当。下邳陈登谓先主曰："今汉室陵迟，海内倾覆，立功立事，在于今日。彼州殷富，户口百万，欲屈使君抚临州事。"先主曰："袁公路近在寿春，此君四世五公，海内所归，君可以州与之。"登曰："公路骄豪，非治乱之主。今欲为使君合步骑十万，上可以匡主济民，成五霸之业，下可以割地守境，书功于竹帛。若使君不见听许，登亦未敢听使君也。"北海相孔融谓先主曰："袁公路岂忧国忘家者邪？冢中枯骨，何足介意。今日之事，百姓与能，天与不取，悔不可追。"先主遂领徐州。袁术来攻先主，先主拒之于盱眙[①]、淮阳。曹公表先主为镇东将军，封宜城亭侯，是岁建安元年也。先主与术相持经月，吕布乘虚袭下邳。下邳守将曹豹反，间迎布。布虏先主妻子，先主转军海西。杨奉、韩暹寇徐、扬间，先主邀击，尽斩之。先主求和于吕布，布还其妻子。先主遣关羽守下邳。

先主还小沛，复合兵得万余人。吕布恶之，自出兵攻先主，先主败走归曹公。曹公厚遇之，以为豫州牧。将至沛收散卒，给其军粮，益与兵使东击布。布遣高顺攻之，曹公遣夏侯惇往，不能救，为顺所败，复虏先主妻子送布。曹公自出东征，助先主围布于下邳，生禽布。先主复得妻子，从曹公还许。表先主为左将军，礼之愈重，出则同舆，坐则同席。袁术欲经徐州北就袁绍，曹公遣先主督朱灵、路招要击术。未至，术病死。先主未出时，献帝舅车骑将军董承辞受帝衣带中密诏，当诛曹公。先主未发。是时曹公从容谓先主曰："今天下英雄，唯使君与操耳。本初之徒，不足数也。"先主方食，失匕箸。遂与承及长水校尉种辑、将军吴子兰、王子服等同谋。会见使，未发。事觉，承等皆伏诛。

【注释】

①盱眙：读xū yí，地名。

【译文】

袁绍出兵攻击公孙瓒，刘备和田楷领兵东移阻击，屯兵于齐县。曹操出兵征伐徐州，徐州牧陶谦派使者向田楷求救。田楷和刘备都带了兵去救徐州。当时，刘备自己手下的全部兵将大概有一千余人，加上部分幽州乌丸的胡骑兵，又招募了些饥馑流民，共数千人，全部去了徐州。陶谦又将丹杨兵四千人交与刘备，以增加其兵力。刘备便离开田楷而归附于陶谦。陶谦上表朝廷举荐刘备为豫州刺史，屯兵于小沛。陶谦病重，他对别驾麋竺说："除了刘备，谁也不能平安治理这一州。"陶谦死后，麋竺率领众人迎接刘备出任州牧。刘备谦让不敢当。下邳人陈登对刘备说："如今汉室衰微，天下之势，不停反复，正是建功立业的好时候。陶谦治理下的徐州，富饶肥沃，户口达百万之多，我们想委屈您管理这一州的政事。"刘备说："袁术统领寿春，离这里不远，此人出身显赫，家族中四代有五个公爵，声望极高，天下的人都归心于他，你们可以将徐州交与他来管理。"陈登说："袁术骄傲自大，不是能治理乱世的人。如今的徐州，可以为使君聚合步兵骑兵十万余人，有了这些人，进一步可以匡正君王，拯救万民，成就五霸之大业；退一步，也可以割据地方，守城保土，一样可以写进将来的史册。如果使君不接受陈登的这一意见，陈登以后也不会听从你的旨意。"北海相孔融对刘备说："袁术岂是忧国忘家的人？他就像是坟墓中的枯骨，不值得放在心上。今天的形势，是百姓想要追随能治理乱世的人。现在是上天赐给你成功立业的机会，你如果放弃，将来定然追悔不及。”于是刘备做了徐州牧。袁术领兵来攻打刘备，刘备带兵在盱眙、淮阴二县抵御他。曹操上表汉献帝，举荐刘备为镇东将军，封宜城亭侯。这一年是汉献帝建安元年。

刘备军与袁术部队对峙了一个多月，吕布乘虚偷袭了徐州所属的下邳城。下邳城守将曹豹叛变，暗中联合吕布。吕布俘虏刘备的妻子儿女。刘备转兵于海西。杨奉、韩暹二人率部下在徐州、扬州劫掠刘备，刘备带兵与之交战，杀了杨奉与韩暹。刘备向吕布求和，吕布同意，归还了刘备的妻子儿女。刘备派关羽守卫下邳城。

刘备回到小沛，再次聚合兵将，得到一万多人。吕布对此极为反感，便出兵攻打刘备。刘备战败逃走，归顺了曹操。曹操对刘备极好，让刘备做了豫州牧。刘备请求去小沛收拾奔散的士卒，曹操同意，拨给刘备军粮，又加拨了一些兵力，让他顺道东进，去攻击吕布。吕布派高顺对战刘备，曹操派夏侯惇增援刘备。结果不敌，刘备、夏侯惇被高顺击败。高顺又俘虏刘备的妻子儿女，送给了吕布。曹操亲自出兵东征，帮助刘备攻打吕布，最后将吕布围困在下邳城，并生擒吕布。刘备又夺回妻子儿女，之后跟随曹操回了许昌。曹操上表朝廷，举荐刘备为左将军。这以后，曹操更加厚待刘备，与他出外同乘一辆车，在内同坐一张席。袁术想要经过徐州，往北去投奔袁绍。曹操派刘备带领朱灵、路招去拦截袁术，袁术兵因此不能通过，不久，袁术病死。

刘备在出兵攻打袁术之前，汉献帝的丈人车骑将军董承曾领受汉献帝密诏，并藏在衣带当中，密诏中要他杀掉曹操。

董承找到刘备，与之合谋，刘备应允。不过，他们一时间未能举事。这期间，曹操曾从容对刘备说：“当今天下的英雄人物，唯有你和我二人而已！袁本初那类人，算不得英雄！”当时刘备正在进餐，听后大为震惊，手中的匙箸竟掉落在地上。因刘备被派出去拦击袁术，因此董承等人无法实施击杀曹操的计划，结果后来计划败露，董承等几个合谋者都被杀。

【原文】

先主据下邳。灵等还，先主乃杀徐州刺史车胄，留关羽守下邳，而身还小沛。东海昌霸反，郡县多叛曹公为先主，众数万人，遣孙乾与袁绍连和，曹公遣刘岱、王忠击之，不克。五年，曹公东征先主，先主败绩。曹公尽收其众，虏先主妻子，并禽关羽以归。

先主走青州。青州刺史袁谭，先主故茂才也，将步骑迎先主。先主随谭到平原，谭驰使白绍。绍遣将道路奉迎，身去邺二百里，与先主相见。驻月余日，所失亡士卒稍稍来集。曹公与袁绍相拒于官渡，汝南黄巾刘辟等叛曹公应绍。绍遣先主将兵与辟等略许下。关羽亡归先主。曹公遣曹仁将兵击先主，先主还绍军，阴欲离绍，乃说绍南连荆州牧刘表。绍遣先主将本兵复至汝南，与贼龚都等合，众数千人。曹公遣蔡阳击之，为先主所杀。

曹公既破绍，自南击先主。先主遣麋竺、孙乾与刘表相闻，表自郊迎，以上宾礼待之，益其兵，使屯新野。荆州豪杰归先主者日益多，表疑其心，阴御之。使拒夏侯惇、于禁等于博望。久之，先主设伏兵，一旦自烧屯伪遁，惇等追之，为伏兵所破。

十二年，曹公北征乌丸，先主说表袭许，表不能用。曹公南征表，会表卒，子琮代立，遣使请降。先主屯樊，不知曹公卒至，至宛乃闻之，遂将其众去。过襄阳，诸葛亮说先主攻琮，荆州可有。先主曰："吾不忍也。"乃驻马呼琮，琮惧不能起。琮左右及荆州人多归先主。此到当阳，众十余万，辎重数千两，日行十余里，别遣关羽乘船数百艘，使会江陵。或谓先主曰："宜速行保江陵，今虽拥大众，被甲者少，若曹公兵至，何以拒之？"先主曰："夫济大事必以人为本，今人归吾，吾何忍弃去！"

【译文】

刘备据守下邳城，打发朱灵等回了许昌。刘备便杀了徐州刺史车胄，派关羽驻守下邳城，自己则回到小沛。东海郡昌霸叛反，郡县多叛离曹操而归顺刘备，一时间，刘备手下军士达好几万人。刘备派孙乾与袁绍联合。曹操派刘岱和王忠攻打刘备，无功而返。建安五年，曹操亲自领兵东征刘备。刘备战败。曹操获得了刘备全部军士，并俘虏了刘备的妻子儿女，还擒获关羽，之后回了许昌。

刘备逃到青州。青州刺史袁谭是刘备旧友，他听说刘备要来后，亲自率步骑士卒去迎接刘备。刘备随袁谭来到平原，袁谭派使者飞骑报告给袁绍。袁绍派将士沿途列队，奉迎刘备，并亲身出邺县，走了差不多两百里，与刘备相见。刘备在袁绍处停留了约一个多月，散失的那些士卒渐渐寻来集聚。曹操与袁绍对峙于官渡。汝南的黄巾军刘辟等人，背叛了曹操，归顺袁绍，袁绍派刘备带兵与刘辟等人去攻夺许县，关羽寻得机会，从曹操手里逃脱，又归于刘备。曹操派曹仁领兵将攻打刘备，刘备回到袁绍军中，此时，已经有脱离袁绍之意，便去劝说袁绍联合荆州牧刘表。袁绍便派刘备领兵去汝南，与黄巾军残部龚都等联合，彼时，刘备手下共数千人，曹操派蔡阳攻击刘备，蔡阳战败，被刘备所杀。

曹操打败袁绍以后，亲自领兵南进去攻打刘备。刘备派麋竺、孙乾二人和刘表接洽，表示要投奔刘表。刘表亲自出城，到郊外迎接刘备，以上宾之礼款待刘备，并且给了刘备部分兵将，以增强他的实力，让他屯兵于新野县。很快，荆州的各路豪杰纷纷归附于刘备，且有日益强大的趋势。刘表开始怀疑刘备另有居心，于是暗中抵制刘备，派刘备领兵去博望县，抵御夏侯惇和于禁等人，刘备在博望县与曹军对峙很久。刘备设下埋伏，一天忽然烧毁了自己的屯兵之地，伪装逃走。夏侯惇等人见状，带兵追击刘备，结果被刘备所设的伏兵击溃。

建安十二年，曹操北征乌丸。刘备劝说刘表，乘势袭击许昌。刘表不听刘备的意见，按兵不动。曹操北征结束后，南下攻击刘表。当时，正值刘表去世，刘表的儿子刘琮继位，派使者向曹操请降。彼时，刘备屯兵樊城，还不知道曹操将要南下的消息，等曹兵到了宛城，刘备才知道。于是，刘备率领兵将逃去，经过襄阳时，诸葛亮劝说刘备突袭刘琮，这样便可以取得荆州。刘备说："我不忍心这样做。"于是驻马停下来，呼唤刘琮。刘琮害怕，不敢来见刘备。刘琮左右的人和荆州人士多离开刘琮而归附刘备。等大队人马行进到当阳县时，刘备的队伍已有十多万人了，运载货物的车子有数千辆之多，每日只能走十几里路。于是刘备派关羽乘船先走，到江陵等候与刘备大部队会合。当时有人对刘备说："我们现在应该快走，那样还能保住江陵。现在虽然拥有大队人马，但是穿铠甲能战斗的其实很少，假如曹操赶上，怎么抵抗？"刘备说："想要干成大事就要以人为根本。现在这些人都真心归附于我，我怎么忍心弃他们而去！"

【原文】

曹公以江陵有军实，恐先主据之，乃释辎重，轻军到襄阳。闻先主已过，曹公将精骑五千急追之，一日一夜行三百余里，及于当阳之长阪。先主弃妻子，与诸葛亮、张飞、赵云等数十骑走，曹公大获其人众辎重。先主斜趋汉津，适与羽船会，得济沔，遇表长子江夏太守琦众万余人，与俱到夏口。先主遣诸葛亮自结于孙权，权遣周瑜、程普等水军数万，与先主并力，与曹公战于赤壁，大破之，焚其舟船。先主与吴军水陆并进，追到南郡，时又疾疫，北军多死，曹公引归。

先主表琦为荆州刺史，又南征四郡。武陵太守金旋、长沙太守韩玄、桂阳太守赵范、零陵太守刘度皆降。庐江雷绪率部曲数万口稽颡。琦病死，群下推先主为荆州牧，治公安。权稍畏之，进妹固好。先主至京见权，绸缪恩纪。权遣使云欲共取蜀，或以为宜报听许，吴终不能越荆有蜀，蜀地可为已有。荆州主簿殷观进曰："若为吴先驱，进未能克蜀，退为吴所乘，即事去矣。今但可然赞其伐蜀，而自说新据诸郡，未可兴动，吴必不敢越我而独取蜀。如此进退之计，可以收吴、蜀之利。"先主从之，权果辍计。迁观为别驾从事。

【译文】

曹操认为，江陵有军事上所需要的器械粮饷，若被刘备先占为据点，颇为不便，于是放下辎重，轻车快奔襄阳城。到襄阳时，听说刘备已经过襄阳，曹操便亲自率领精锐骑兵五千人，急追刘备，一日一夜之间，竟然奔驰三百多里，赶到当阳县的长阪，终于追上了刘备。刘备抛弃了妻子儿女，和诸葛亮、张飞、赵云等数十人一同骑马疾奔逃走。曹操擒获刘备所遗弃的人众和辎重。刘备从斜路去了汉津，正好遇到关羽的船只，因而得以顺利渡过沔水，又遇到刘表的长子江夏太守刘琦。刘琦手下有士卒一万多人，众人一起来到夏口。刘备派诸葛亮渡江去了东吴，与吴主孙权联合。孙权派周瑜、程普等带领水军数万人，和刘备合力与曹操交战于赤壁。结果大破曹兵，焚烧了曹军舟船。刘备与吴兵水陆并进，相互配合，一直追曹军到南郡。当时流行疾疫，曹兵死掉很多。曹操无力再战，便领兵回了许昌。

刘备上表举荐刘琦为荆州刺史，又南进征伐四郡。武陵太守金旋、长沙太守韩玄、桂阳太守赵范、零陵太守刘度四人都归降了刘备。更是有庐江雷绪率领部下数万人叩首归附。不久，刘琦病死，荆州众属官一起推荐刘备当荆州牧，以公安作为州府所在地。孙权见刘备如此得人心，又有地利相助，渐渐担心起刘备来，于是将自己的妹妹嫁给刘备，以求永久联合。刘备过长江到东吴京都，会见孙权，两人相谈甚欢。孙权派使者来荆州，说要和刘备共同出兵，夺取蜀地。刘备的部下中，有人主张可以答应孙权，一起攻打蜀地。因为东吴于四川隔着荆州，这样东吴无论如何都无法越过荆州而顺利持有四川之地，因此，夺取四川之后，必然要归属于刘备方。但荆州主簿殷观不同意，他进言说：“假如荆州作为先锋去攻打四川地方，那么我们向前进攻不一定就能攻下四川，可要退时，东吴趁我们不在，夺取了我们的荆州怎么办？那就进退失据，再无势力了！现在我们应该做的是，先答应孙权，说赞成他们的意见，同意共同伐蜀，然后我们以刚刚才收复几个郡县，局势不稳为借口，跟他们说暂时无法出兵。这样，东吴也必然不敢越过我方地界而单独攻取蜀地。如此进可以攻，退可以守，可以收拒吴取蜀之利。”刘备认为殷观的说法很有道理，于是依样回答孙权。孙权果然停止了取蜀之计。刘备升殷观为别驾从事。

【原文】

十六年，益州牧刘璋遥闻曹公将遣钟繇等向汉中讨张鲁，内怀恐惧。别驾从事蜀郡张松说璋曰："曹公兵强无敌于天下，若因张鲁之资以取蜀土，谁能御之者乎？"璋曰："吾固忧之而未有计。"松曰："刘豫州，使君之宗室而曹公之深仇也，善用兵，若使之讨鲁，鲁必破。鲁破，则益州强，曹公虽来，无能为也。"璋然之，遣法正将四千人迎先主，前后赂遗以巨亿计。正因陈益州可取之策，先主留诸葛亮、关羽等据荆州，将步卒数万人入益州。至涪，璋自出迎，相见甚欢。张松令法正白先主，及谋臣庞统进说，便可于会所袭璋。先主曰："此大事也，不可仓卒。"璋推先主行大司马，领司隶校尉；先主亦推璋行镇西大将军，领益州牧。璋增先主兵，使击张鲁，又令督白水军。先主并军三万余人，车甲器械资货甚盛。

是岁，璋还成都。先主北到葭萌，未即讨鲁，厚树恩德，以收众心。

明年，曹公征孙权，权呼先主自救。先主遣使告璋，曰："曹公征吴，吴忧危急。孙氏与孤本为唇齿，又乐进在青泥与关羽相拒，今不往救羽，进必大克，转侵州界，其忧有甚于鲁。鲁自守之贼，不足虑也。"乃从璋求万兵及资实，欲以东行。璋但许兵四千，其余皆给半。张松书与先主及法正曰："今大事垂可立，如何释此去乎！"松兄广汉太守肃，惧祸逮己，白璋发其谋。于是璋收斩松，嫌隙始构矣。璋敕关戍诸将文书勿复关通先主。先主大怒，召璋白水军督杨怀，责以无礼，斩之。乃使黄忠、卓膺勒兵向璋。先主径至关中，质诸将并士卒妻子，引兵与忠、膺等进到涪，据其城。璋遣刘璝、冷苞、张任、邓贤等拒先主于涪，皆破败，退保绵竹。璋复遣李严督绵竹诸军，严率众降先主。先主军益强，分遣诸将平下属县。诸葛亮、张飞、赵云等将兵泝流定白帝、江州、江阳，惟关羽留镇荆州。先主进军围雒；时璋子循守城，被攻且一年。

【译文】

建安十六年，益州牧刘璋得到曹操将派遣钟繇等人向汉中进兵讨伐张鲁的消息，心中十分害怕。这时，刘璋手下的别驾从事，蜀郡人张松劝说刘璋道："曹操兵强马壮，天下无敌。一旦他打败张鲁，取得张鲁的地盘，然后作为进攻的据点，来攻打我们蜀地，谁能抵御得了呢？"刘璋说："我也正在担忧这种情形，可是想不出好办法来。"张松说："刘备这个人，是您的同族，又是曹操的大仇人。刘备十分善于用兵，如果刘备能讨伐张鲁，那么张鲁必然被打败。张鲁被打败的话，我们益州便强大起来了，那时虽然曹操来进攻，我们也不怕了。"刘璋觉得张松说得有道理，便派法正率领四千人去迎接刘备，前后赠送给刘备的财物以亿万计。法正则跟刘备说可以借这个机会拿下益州。刘备便留下诸葛亮、关羽等人据守荆州，自己率领步卒数万人进入益州。刘备到涪州时，刘璋亲自出迎。二人见面之后，相谈甚欢。张松派法正去劝刘备，同时刘备的谋臣庞统也劝刘备，都说趁着这次相会突然袭击刘璋，必然能够夺下益州。刘备未听劝告，说："这是一件大事，不可操之过急。"刘璋向朝廷推举刘备做大司马，领司隶校尉。刘备也向朝廷推举刘璋为镇西大将军，领益州牧。刘璋给刘备许多军士，让刘备进击张鲁，又让刘备整饬白水县的军队。刘备合并了各股军队，一共得到三万多人，又得到车用器械财物极多。

这一年，刘璋从涪州回成都。刘备领兵向北行进，来到了葭萌县，但并未攻击张鲁，而是在当地休整，同时树立宽厚恩德，以收买民心。

第二年，曹操出兵攻打孙权。孙权向刘备求救。刘备得到消息后，派使者到成都去见刘璋，说："如今曹操出兵攻打东吴，东吴非常害怕，形势十分危急，孙吴与我们本互为唇齿，没了一个，另一个便面临危险。而且，曹操的部下乐进，现在在青泥与我方大将关羽相持不下，如果我们不去救关羽，乐进必定获胜，然后转兵侵犯益州，那时候，益州将更加危险，这些都比张鲁更为可怕。张鲁不过是守着自己的地盘，不思进取的人罢了，根本不用太过担心。"刘备又向刘璋索要支援，他要的是一万兵士和若干钱谷，想起兵东行，回荆州自救。刘璋却只答应给刘备兵四千人，其余钱谷等物都只给刘备要求的一半。张松写信给刘备和法正，说："现在正是夺下益州的最好时机，怎么可以放弃机会而离去呢！"张松的哥哥广汉太守张肃发现了张松的企图，怕张松的行为连累自己，便向刘璋告发了张松。于是，刘璋逮捕张松，并将之杀掉。至此，刘璋与刘备之间，开始走向决裂。刘璋给各地守关的将士发文，命令他们不准放刘备从自己镇守的地方通过。刘备大怒，找来刘璋的手下，看守白水县的督军杨怀，呵斥杨怀无礼，然后斩了杨怀。刘备又派黄忠、卓膺带兵进攻刘璋。刘备自己取捷径来到白水关中，收降了守关诸将手下的士卒及他们的妻子儿女，然后带兵与黄忠、卓膺等人继续行进，来到涪州，之后以此为据点。刘璋派遣刘璝、冷苞、张任、邓贤等人，在涪州和刘备交战，结果都被刘备打败，之后退兵保守绵竹县。刘璋又派李严率领绵竹县的军队去攻打刘备，结果李严却率领着军队归附了刘备。于是，刘备兵力越来越多，越来越强，他分散了手下诸将，分兵去攻打所在地下属的各个县。诸葛亮、张

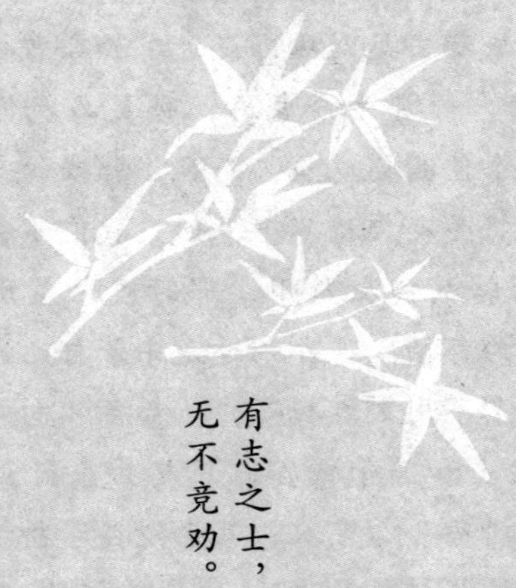

有志之士，
无不竞劝。

南征。先主遥策之曰："曹公虽来，无能为也，我必有汉川矣。"及曹公至，先主敛众拒险，终不交锋，积月不拔，亡者日多。夏，曹公果引军还，先主遂有汉中。遣刘封、孟达、李平等攻申耽于上庸。

【译文】

建安十九年夏天，雒城被攻破。刘备军继续进兵，攻打成都，围攻几十天之后，刘璋出城投降。四川原本就极为富饶，人民生活安定。刘备得胜后，大摆酒席，犒赏士卒，拿出蜀中的金银财物，分赏给各位将士。至于那些民间所藏的米谷布帛，则仍然归还给原来的主人。刘备做了益州牧，以诸葛亮为臂膀，任军师将军、益州太守。以法正为谋士，任其为蜀郡太守、扬武将军。以关羽、张飞、马超等人为辅佐，让关羽督管荆州事宜，张飞、马超都任命为将军。以许靖、麋竺、简雍等人为宾友。而原本刘璋的属下，董和、黄权、李严等人；刘璋的姻亲吴壹、费观等人；刘璋所不喜欢的彭羕等人；甚至是刘备早先很痛恨的刘巴，都被授予了显要的官位，基本做到了人尽其用。因此，四川地方的有志之士没有不竞相劝勉，愿为刘备效力的。

建安二十年，因刘备已经得到益州，孙权派使者跟刘备说，自己想要荆州。刘备回答："等我得到凉州后，就立即把荆州送给你。"孙权很生气，便派吕蒙偷袭长沙、零陵、桂阳三郡。刘备带兵五万，攻下了公安郡，之后命令关羽入益阳郡。这一年，曹操攻下汉中，张鲁战败，逃到巴西。刘备听到这个消息后，跟孙权连和，两家平分了荆州，其中江夏、长沙、桂阳以东归吴；南郡、零陵、武陵以西归蜀。然后刘备带兵回江州，派黄权率兵攻击张鲁，此时，张鲁已经投降曹操。曹操派夏侯渊、张郃屯兵于汉中，二人屡次侵犯巴中。刘备命令张飞进兵宕渠，与张郃于瓦口开战，张飞获胜，击败了张郃等人。张郃战败后，收兵回了南郑县，刘备也回到了成都。

建安二十三年，刘备率领众将进兵汉中，分派将军吴兰、雷铜等入武都县，结果都被曹操所消灭。刘备驻兵于阳平关，与夏侯渊、张郃等对峙。

建安二十四年春，刘备的部队从阳平关向南挺进，渡过了沔水，沿着山向前，最后在定军山依山势驻扎营地。夏侯渊带兵前来争夺刘备占据的有利地势。刘备命令黄忠依据高地势攻打夏侯渊，黄忠手下兵将士气很盛，大破夏侯渊，并斩杀了夏侯渊和曹操所指派的益州刺史赵颙等人。曹操听到消息后，从长安出兵，准备南征。当时刘备远在蜀中，听说曹操出兵后，说："曹操虽然来攻，却必然无功而返，这次我肯定能得到汉川了。"等到曹操来到，刘备聚合了兵众，把守住险要，始终不肯与曹操交锋。过了几个月，曹军攻不下刘备据守的各个关隘，而自己方面士卒逃亡的日益增多。到了夏季，曹操果然带兵回去了。自此，刘备得到汉中，他派刘封、孟达、李平等攻打上庸郡，上庸太守申耽投降。

【原文】

秋，群下上先主为汉中王，表于汉帝。

还治成都。拔魏延为都督，镇汉中。时关羽攻曹公将曹仁，禽于禁于樊。俄而孙权袭杀羽，取荆州。

二十五年，魏文帝称尊号，改年曰黄初。或传闻汉帝见害，先主乃发丧制服，追谥曰孝愍皇帝。

（群臣上表，恳请刘备称帝，以延汉室一脉。）

章武元年夏四月，大赦，改年。以诸葛亮为丞相，许靖为司徒。置百官，立宗庙，祫祭高皇帝以下。

五月，立皇后吴氏，子禅为皇太子。六月，以子永为鲁王，理为梁王。车骑将军张飞为其左右所害。初，先主忿孙权之袭关羽，将东征，秋七月，遂帅诸军伐吴。孙权遣书请和，先主盛怒不许，吴将陆议、李异、刘阿等屯巫、秭归；将军吴班、冯习自巫攻破异等，军次秭归，武陵五谿蛮夷遣使请兵。

【译文】

秋，蜀中众官员，拥戴刘备为汉中王，上表于汉献帝。

刘备回归成都。提升魏延为都督，镇守汉中。此时关羽攻击曹操部将曹仁，于樊城生擒曹操部将于禁。不久，孙权派兵将偷袭关羽成功，关羽被杀。孙权取得荆州。

建安二十五年，曹丕称帝，改年号为黄初。有传闻说，汉献帝已经被害身亡，刘备听到消息后，穿上丧服，为汉献帝治丧，同时追谥汉献帝为孝愍皇帝。

（蜀中群臣上表，劝刘备登基为皇帝，延续汉室江山。）

章武元年夏四月，刘备称帝，大赦天下，更改了年号。任命诸葛亮为丞相，许靖为司徒。分设了百官，建立宗庙，同时祭祀高皇帝以下各代列祖列宗。

五月，立吴氏为皇后，立大儿子刘禅为皇太子。六月，封儿子刘永为鲁王，刘理为梁王。车骑将军张飞被自己部下谋害身死。在这之前，刘备就曾气愤于孙权袭击并杀死了关羽，想要出兵征讨孙权。秋七月，刘备亲自率领大部队讨伐东吴。孙权派人送来书信，请求讲和。刘备当时正处于盛怒当中，因此不答应讲和。东吴大将陆议、李异、刘阿等屯兵于巫县、秭归。刘备军命令手下将军吴班、冯习领兵自巫县攻打李异等兵，大获全胜。东吴驻疆班兵停驻在秭归。武陵五溪等地的少数部族派来使者，请求派兵支援。

【原文】

二年春正月，先主军还秭归，将军吴班、陈式水军屯夷陵，夹江东西岸。二月，先主自秭归率诸将进军，缘山截岭，于夷道猇[①]亭驻营，自佷山通武陵，遣侍中马良安慰五谿蛮夷，咸相率响应。镇北将军黄权督江北诸军，与吴军相拒于夷陵道。夏六月，黄气见自秭归十余里中，广数十丈。后十余日，陆议大破先主军于猇亭，将军冯习、张南等皆没。先主自猇亭还秭归，收合离散兵，遂弃船舫，由步道还鱼复，改鱼复县曰永安。吴遣将军李异、刘阿等踵蹑先主军，屯驻南山。秋八月，收兵还巫。司徒许靖卒。冬十月，诏丞相亮营南北郊于成都。孙权闻先主住白帝，甚惧，遣使请和。先主许之，遣太中大夫宗玮报命。冬十二月，汉嘉太守黄元闻先主疾不豫，举兵拒守。

三年春二月，丞相亮自成都到永安。三月，黄元进兵攻临邛县。遣将军陈曶讨元，元军败，顺流下江，为其亲兵所缚，生致成都，斩之。先主病笃，托孤于丞相亮，尚书令李严为副。夏四月癸巳，先主殂于永安宫，时年六十三。

五月，梓宫自永安还成都，谥曰昭烈皇帝。秋八月，葬惠陵。

【注释】

①猇：读xiāo。

【译文】

章武二年春正月，刘备领兵回到秭归。将军吴班、陈式领水军屯兵在夷陵县。刘备方部队夹江扎营在东西两岸。二月，刘备率领手下诸将进兵，依靠山边，截断了山岭，在猇亭扎营。刘备方营寨从佷山一直绵延到武陵。刘备派侍中马良去安抚五溪的少数部族，结果很成功，那些少数部族都积极响应汉兵。镇北将军黄权督管江北各路军队，与吴兵在夷陵道对峙。夏六月，有黄气在秭归出现，那股黄气大概有数十丈宽。十几天之后，陆议在猇亭将刘备军队打得大败。将军冯习、张南等都战死沙场。刘备从猇亭逃回秭归，收集了离散士卒。之后抛弃船只，从小路步行回到鱼复县。之后改鱼复县为永安县。东吴派遣将军李异、刘阿等人追杀刘备军队，他们最终屯驻在南山县。秋八月，刘备收兵回到巫县。司徒许靖离世。冬十月，刘备下诏命丞相诸葛亮经管成都的南北郊。孙权听说刘备住在白帝城，非常害怕，派使者再次求和。刘备答应，派太中大夫宗玮去吴回信。冬十二月，汉嘉太守黄元听说刘备患病，之后带着自己的军队叛变。

章武三年，春二月，丞相诸葛亮从成都来到永安县。三月，汉嘉太守黄元进兵攻打临邛县。刘备派将军陈曶带兵攻打黄元。黄元战败，顺江逃往下游，结果被身边军士绑了，之后被送到成都，不久，黄元被处死。刘备病情危急，将孤儿托付给了丞相诸葛亮，并命令尚书李严做诸葛亮的副手。夏四月二十四日，刘备于永安宫去世。时年六十三岁。

五月，刘备灵柩从永安宫迁回成都，追谥为昭烈皇帝。秋八月，葬于惠陵。

诸葛亮传

【原文】

诸葛亮字孔明，琅邪阳都人也。汉司隶校尉诸葛丰后也。父珪，字君贡，汉末为太山郡丞。亮早孤，从父玄为袁术所署豫章太守，玄将亮及亮弟均之官。会汉朝更选朱皓代玄。玄素与荆州牧刘表有旧，往依之。玄卒，亮躬耕陇亩，好为《梁父吟》。身长八尺，每自比于管仲、乐毅，时人莫之许也。惟博陵崔州平、颍川徐庶元直与亮友善，谓为信然。

时先主屯新野。徐庶见先主，先主器之，谓先主曰："诸葛孔明者，卧龙也，将军岂愿见之乎？"先主曰："君与俱来。"庶曰："此人可就见，不可屈致也。将军宜枉驾顾之。"由是先主遂诣亮，凡三往，乃见。因屏人曰："汉室倾颓，奸臣窃命，主上蒙尘。孤不度德量力，欲信大义于天大，而智术短浅，遂用猖獗，至于今日。然志犹未已，君谓计将安出？"亮答曰："自董卓已来，豪杰并起，跨州连郡者不可胜数。曹操比于袁绍，则名微而众寡，然操遂能克绍，以弱为强者，非惟天时，抑亦人谋也。今操已拥百万之众，挟天子而令诸侯，此诚不可与争锋。孙权据有江东，已历三世，国险而民附，贤能为之用，此可以为援而不可图也。荆州北据汉、沔，利尽南海，东连吴会，西通巴、蜀，此用武之国，而其主不能守，此殆天所以资将军，将军岂有意乎？益州险塞，沃野千里，天府之土，高祖因之以成帝业。刘璋暗弱，张鲁在北，民殷国富而不知存恤，智能之士思得明君。将军既帝室之胄，信义著于四海，总揽英雄，思贤如渴，若跨有荆、益，保其岩阻，西和诸戎，南抚夷越，外结好孙权，内修政理；天下有变，则命一上将将荆州之军以向宛、洛，将军身率益州之众出于秦川，百姓孰敢不箪食壶浆以迎将军者乎？诚如是，则霸业可成，汉室可兴矣。"先主曰："善！"于是与亮情好日密。关羽、张飞等不悦，先主解之曰："孤之有孔明，犹鱼之有水也。愿诸君勿复言。"羽、飞乃止。

【译文】

诸葛亮，字孔明，琅邪郡阳都县人。诸葛亮是汉朝司隶校尉诸葛丰的后代。他父亲名叫诸葛珪，字君贡，曾做过太山郡的郡丞。诸葛亮很小的时候父亲就去世了，那时候正好他的叔父诸葛玄被袁术派去当豫章郡的太守，诸葛玄就带着诸葛亮和他的弟弟诸葛均去上任了。正好这时候，东汉朝廷选派了另外一个叫作朱皓的，替代了诸葛玄。诸葛玄无奈，便转而投奔自己的旧友荆州刺史刘表。诸葛玄死后，诸葛亮便自己谋求生路，在南阳郡的隆中县山中种田，他常常独自吟诵相当有名的《梁父吟》。诸葛亮身高八尺多。他常常把自己比作春秋时代帮助齐桓公称霸天下的管仲，还有战国时备受礼遇成为燕赵客卿的乐毅，可当时的人们都不太相信他的话，并没有把他放在眼里。只有博陵县的崔州平、颍川郡的徐庶认可他的才华，这两个人是他的好朋友，经常在别人面前夸奖他。

刘备驻守新野县后，徐庶跑去拜见刘备，得到了刘备的器重。徐庶向刘备大力推荐诸葛亮，说："诸葛孔明这个人堪称是'卧龙'！将军您可愿意见见他？"刘备说："那你赶快带他来看我。"徐庶回答："这个人只能您屈尊去看他，万万不能委屈他来见您。我看将军还是委屈点，放低些身段，去拜望他吧！"刘备听从了徐庶的劝告，立刻筹划去找诸葛亮，他前后去了三次，最后一次才见到诸葛亮。见面后，刘备支开随侍人员，然后用极诚恳的态度向诸葛亮讨教，说："眼看汉室就要灭亡了，先是董卓叛乱，接着是曹操夺权，致使献帝亡命出奔。我自己虽然一心一意想要伸张公理正义，可惜智慧谋略都很浅陋，无法帮助汉室振兴。现在天下情势一天比一天混乱，可我的壮志雄心一点也没有减

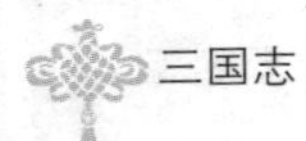

少。您看在这种局面下，有什么好计谋呢？”诸葛亮答道：“自从董卓废帝夺权以来，天下各地的豪杰们纷纷现身，夺取势力。如今，这些人中有权有势者颇多。他们有的跨越了州界，有的连续占领了几个郡，真是数也数不清。就拿曹操跟袁绍来说，最开始曹操既没有名气，又缺乏实力。但是，后来袁绍被他打败了。曹操之所以能够以弱胜强，不仅是因为占据了天时，更是因为手下有一大堆优秀的谋臣武将为他服务。现在曹操军队已达百万，且挟持着献帝来号令天下的诸侯，从实际情况来考虑的话，实在不必在这时候去跟他较量。目前，孙权盘踞在吴，拥有长江以东的地区，孙家势力从孙坚开始，他传给了儿子孙策，孙策再传给弟弟孙权，也有三代了，他们虽然力量有限，可是人心稳固，且有许多贤才智士都在那里得到了重用。从这一层来考量，似乎孙家也是不能动的，最好的方式是跟他们合作，互相声援，不要有图谋他的地盘的念头。荆州北边有汉水、沔水，这是天然的屏障，而荆州地区富饶广博，包括整个南海郡，东边又连着吴郡和会稽郡，西边又贯通巴郡和蜀郡，这样的地理形势太有利于用兵了，而偏偏这个荆州刺史刘表是个胸无大志，没有什么才能的人。这或许是上苍有意帮助您，只是不知道将军对荆州地区是否有意？我们再谈益州，此地形势险要，肥沃的田野绵延千里，称得上是富庶的‘天府之国’啊！昔日，汉高祖刘邦就是以益州为基地，展开了他的帝业。可现在，益州的所有者刘璋是个愚昧而又懦弱的家伙，他的北方有号称‘张天师’的张鲁盘踞着，一直威胁着他。这里人民众多，物产丰厚，可是刘璋不懂得顺应民情，对百姓加以慰问安抚，因此颇不得民心。一般有智慧的人都愿意跟随一个贤明的领导者。而将军您是汉朝皇室的后裔，又颇有贤名，天下百姓都觉得您是一个重信义的人，您不妨广招天下英雄，为您服务。如果您能先把荆州、益州夺下来，然后依仗着它的险要地势，西边跟各个少数民族部落和平相处，再把南边的部群安抚妥帖，然后向外跟孙权交好，对内则修明政治。那时，一旦天下局势发生变化，先派遣一位优秀的将领，率领荆州的大军，直指宛县、洛阳，而您则亲自统率益州的军队，开向秦川，这么一来，便掌握了主动权。那时候，老百姓们哪有不兴高采烈，争先恐后地提着饭篮和水壶来犒劳您的军队呢？要是这个计划能实现，我想，不仅能成就您的个人霸业，就是汉朝宗室也是一定能复兴的！”刘备说道：“好！”从此，刘备和诸葛亮的交情，一天比一天深厚。关羽和张飞等人看在眼里，心里颇有些不是滋味。刘备找了个机会跟他们解释说：“我得到孔明，就好比鱼儿有了水一般，对我的事业极有帮助。希望你们能体谅我，不要再计较好吗？”关羽、张飞从此释然。

【原文】

刘表长子琦，亦深器亮。表受后妻之言，爱少子琮，不悦于琦。琦每欲与亮谋自安之术，亮辄拒塞，未与处画。琦乃将亮游观后园，共上高楼，饮宴之间，令人去梯，因谓亮曰：“今日上不至天，下不至地，言出子口，入于吾耳，可以言未？”亮答曰：“君不见申生在内而危，重耳在外而安乎？”琦意感悟，阴规出计。会黄祖死，得出，遂为江夏太守。俄而表卒，琮闻曹公来征，遣使请降。先主在樊闻之，率其众南行，亮与徐庶并从，为曹公所追破，获庶母。庶辞先主而指其心曰：“本欲与将军共图王霸之业者，以此方寸之地也。今已失老母，方寸乱矣，无益于事，请从此别。”遂诣曹公。

先主至于夏口，亮曰："事急矣，请奉命求救于孙将军。"时权拥军在柴桑，观望成败。亮说权曰："海内大乱，将军起兵据有江东，刘豫州亦收众汉南，与曹操并争天下。今操芟夷大难，略已平矣，遂破荆州，威震四海。英雄无所用武，故豫州遁逃至此。将军量力而处之：若能以吴、越之众与中国抗衡，不如早与之绝；若不能当，何不案兵束甲，北面而事之！今将军外托服从之名，而内怀犹豫之计，事急而不断，祸至无日矣！"权曰："苟如君言，刘豫州何不遂事之乎？"亮曰："田横，齐之壮士耳，犹守义不辱，况刘豫州王室之胄，英才盖世，众士仰慕，若水之归海，若事之不济，此乃天也，安能复为之下乎！"权勃然曰："吾不能举全吴之地，十万之众，受制于人。吾计决矣！非刘豫州莫可以当曹操者，然豫州新败之后，安能抗此难乎？"亮曰："豫州军虽败于长阪，今战士还者及关羽水军精甲万人，刘琦合江夏战士亦不下万人。曹操之众，远来疲弊，闻追豫州，轻骑一日一夜行三百余里，此所谓'强弩之末，势不能穿鲁缟'者也。故兵法忌之，曰'必蹶上将军'。且北方之人，不习水战；又荆州之民附操者，逼兵势耳，非心服也。今将军诚能命猛将统兵数万，与豫州协规同力，破操军必矣。操军破，必北还，如此则荆、吴之势强，鼎足之形成矣。成败之机，在于今日。"权大悦，即遣周瑜、程普、鲁肃等水军三万，随亮诣先主，并力拒曹公。曹公败于赤壁，引军归邺。先主遂收江南，以亮为军师中郎将，使督零陵、桂阳、长沙三郡，调其赋税，以充军实。

【译文】

刘表的大儿子刘琦也很器重诸葛亮。刘表因为对后妻言听计从，渐渐钟爱小儿子刘琮，而不喜欢刘琦了。刘琦每每想要向诸葛亮请教怎样自保，结果诸葛亮总是找借口推托。有一天，刘琦邀请诸葛亮去后花园，两人一起登上了楼梯，来到很高的亭台上面。在宴饮喝酒的时候，刘琦突然命令下面的人把楼梯拿走，然后对诸葛亮说："现在我们是上不到天，下不到地了；此时，话从您嘴里说出来，就直接进了我耳朵里。您可以指点指点我了吧？"诸葛亮只是淡淡答道："你难道没看见申生处在国内反而招致危险，重耳流亡在外反而平安无事吗？"刘琦明白了诸葛亮话语中的含义，于是暗中策划流亡避祸。这时刚好江夏太守黄祖被杀，刘琦立即请求出任江夏太守，从此离开荆州。没多久，刘表病重不治而死。刘琮听说曹操带兵来打荆州，主动投降。刘备在樊城获得这个消息后，赶快率领部众南行，随行的有诸葛亮和徐庶等。曹操的大军紧追不舍，最终追上了刘备，还把徐庶的母亲给掳走了。徐庶去向刘备辞行，他指着自己的心窝说："本来想跟将军共创王朝霸业，全凭这个方寸之心！现在我老母被曹操捉去，我的方寸已经大乱，留在这儿也帮不上什么忙了，特来请求与您告别。"徐庶说完，就到曹操那里去了。

刘备的军队开到夏口，诸葛亮建议："如今事态紧急，请派我到孙将军那儿去求援！"当时，孙权将军队都聚集在柴桑，正在观望谁胜谁败。诸葛亮赶到东吴，游说孙权说："如今天下大乱，孙将军起兵据有江东，刘豫州也收服了汉水以南的地方，和曹操一起争夺天下。现在曹操铲平了各方势力，并乘势取得了荆州，声威震动四海。由于英雄无用武之地，所以刘豫州才逃亡到此。将军可以根据自己的力量做出选择。如果您觉得纠合自己的力量可以跟曹操一较长短，那不如早点跟他决裂；要是觉得不能抵挡曹操的百万雄师，那么不如直接向曹操投降。可现在，将军您表面上服从曹操，可内心犹疑不定；像这般的优柔寡断，东吴的危机不远了！”孙权道：“如果真像您所说的那样，那刘备为何不向曹操投降呢？”诸葛亮答道：“田横不过是齐国的一个壮士，尚且能坚守气节，不肯投降受辱。而我主刘备是汉室宗族，英才盖世，百姓士卒对他的仰慕，就像水流奔向大海一般。如果他最终失败，也只能说天意如此，哪有反过头来去投降曹操，做曹操手下的道理！”听到这里，孙权勃然变色，道：“我绝不会用吴国宝贵的土地以及十万部众，受制于别人。如今，我已打定主意。除了刘备，没人能够对付得了曹操，可是如今刘备刚刚战败，还有力量对付强敌吗？”诸葛亮说道：“我方军队虽然在长阪打了败仗，可生还的战士不少，加上关羽统率的水师，总共还有上万的精锐部队。而刘琦已经集合江夏的战士，总数也不下万人。曹操的军队从北方过来，已经疲惫不堪，他在追击刘备的军队时，轻骑一天一夜平均要跑三百多里地。这就是古人所说的‘强弩之末，其力量甚至不能穿透细绢’的情形，而兵法上最忌讳的就是这个，说这样‘必然导致上将被挫’。而且曹军都是北方人，本来就不习惯水战。再说荆州的人民归附曹操，实在是迫于无奈，绝对不是衷心服从。现在将军要是真能遣派猛将，带上数万兵马，和刘豫州同心协力，必然能打败曹操。曹操一旦兵败，必然退回北方。那时候，荆州、吴越的势力就强大起来了，鼎足而立的局面也就自然形成了。而这整个事情成败的关键，就在于将军如今怎么决断了！”孙权听了，十分高兴，立刻派出周瑜、程普、鲁肃带领三万水师，随诸葛亮去见刘备，合力抵拒曹操。最终，曹操在赤壁吃了败仗，带兵回了邺县。刘备于是收复了江南，任诸葛亮为军师中郎将，使他监督零陵、桂阳和长沙三郡，征调当地的租税，来充实军备。

【原文】

建安十六年，益州牧刘璋遣法正迎先主，使击张鲁。亮与关羽镇荆州。先主自葭萌还攻璋，亮与张飞、赵云等率众溯江，分定郡县，与先主共围成都。成都平，以亮为军师将军，署左将军府事。先主外出，亮常镇守成都，足食足兵。二十六年，群下劝先主称尊号，先主未许，亮说曰：“昔吴汉、耿弇等初劝世祖即帝位，世祖辞让，前后数四，耿纯进言曰：‘天下英雄喁喁，冀有所望。如不从议者，士大夫各归求主，无为从公也。’世祖感纯言深至，遂然诺之。今曹氏篡汉，天下无主，大王刘氏苗族，绍世而起，今即帝位，乃其宜也。士大夫随大王久勤苦者，亦欲望尺寸之功如纯言耳。”先主于是即帝位，策亮为丞相曰：“朕遭家不造，奉承大统，兢兢业业，不取康宁，思靖百姓，惧未能绥。於戏！丞相亮其悉朕意，无怠辅朕之阙，助宣重光，以照明天下，君其勖哉！”亮以丞相尚书事，假节。张飞卒后，领司隶校尉。

章武三年春，先主于永安病笃，召亮于成都，属以后事，谓亮曰：“君才十倍曹丕，必能安国，终定大事。若嗣子可辅，辅之；如其不才，君可自取。”亮涕泣曰：“臣敢竭股肱之力，效忠贞之节，继之以死！”先主又为诏敕后主曰：“汝与丞相从事，事之如父。”建兴元年，封亮武乡侯，开府治事。顷之，又领益州牧。政事无巨细，咸决于亮。南中诸郡，并皆叛乱，亮以新遭大丧，故未便加兵，且遣使聘吴，因结和亲，遂为与国。

【译文】

建安十六年，益州刺史刘璋派法正迎接刘备，请他出兵帮忙去打张鲁。诸葛亮和关羽镇守荆州，后来刘备刘璋交恶，刘备从葭萌回师攻打刘璋，诸葛亮和张飞、赵云等人则逆江而上，分几路出兵，与刘备一起围攻成都；等到成都平定后，诸葛亮被任命为军师将军，代理左将军府的事务。刘备一旦有军事外出，则由诸葛亮镇守成都，在后方供应粮草军备。建安二十六年，蜀中群臣们劝刘备称帝，刘备没有同意。诸葛亮跟刘备说："从前，吴汉、耿弇等人劝汉光武帝即帝位，光武帝一再辞让，前后达四次。后来耿纯进言说：'现在天下的英雄们翘首企盼，希望您能继位，如果您不顺从民意，士大夫们只好各自散去，回去寻找他们昔日的主人，没有必要继续跟随在您的左右了。'光武帝觉得耿纯的话有道理，便允诺即位称帝。如今曹氏篡汉，天下没有一位正统的君主。而大王您本是皇族刘氏的后裔，正应该接替汉朝统治天下，在此时此刻即帝位，实在是恰当的。再说，士大夫们所以不辞劳苦地追随大王，也是如同耿纯所说的盼望能建立些功业，得到些封赏啊！"刘备于是即帝位，任命诸葛亮为丞相，并在发布的任命策文里说："我不幸遭遇家族的磨难，继承了王位，时时小心谨慎，不敢稍微懈怠，然而，虽然我一心一意想使百姓安居乐业，却总是担心做不到。啊！诸葛丞相，您要深知我的心意，不要懈怠，要帮助我纠正缺点，并且宣扬汉朝历来的德业，来造福天下的百姓，您可一定要努力啊！"诸葛亮以丞相的身份加任录尚书事，持节镇守。张飞死后，诸葛亮又兼职司隶校尉。

章武三年春天，刘备在永安宫病情加重，下召将诸葛亮从成都召到白帝城，把后事托付给他，说："您的才干超过曹丕十倍，一定能使国家安定，最终完成大业。如果我儿子值得辅佐，那就辅佐他。要是他真的太愚蠢，您可以自行决定选谁来统领蜀地。”诸葛亮流着眼泪说：“臣怎敢不竭尽全力，忠贞效命，一直到死！”刘备又下诏给儿子刘禅：“你跟着丞相治理国事，要像对待父亲一样对待他！”建兴元年，后主刘禅即位，封诸葛亮为武乡侯，建府署综理国家政事。不久，又让他担任益州刺史。政事不分大小，全由诸葛亮决定。南中各郡，纷纷拥兵叛乱；诸葛亮因为先主刘备去世不久，不便用兵，因此没有马上讨伐。又派遣使者到吴国去，与之讲和，从此两家和睦相处。

【原文】

三年春，亮率众南征，其秋悉平。军资所出，国以富饶，乃治戎讲武，以俟大举。五年，率诸军北驻汉中，临发，上疏。

遂行，屯于沔阳。

六年春，扬声由斜谷道取郿，使赵云、邓芝为疑军，据箕谷，魏大将军曹真举众拒之。亮身率诸军攻祁山，戎陈整齐，赏罚肃而号令明，南安、天水、永安三郡叛魏应亮，关中响震。魏明帝西镇长安，命张郃拒亮，亮使马谡督诸军在前，与郃战于街亭。谡违亮节度，举动失宜，大为郃所破。亮拔西县千余家，还于汉中，戮谡以谢众。上疏曰：“臣以弱才，叨窃非据，亲秉旄钺以厉三军，不能训章明法，临事而惧，至有街亭违命之阙，箕谷不戒之失，咎皆在臣授任无方。臣明不知人，恤事多暗，《春秋》责帅，臣职是当。请自贬三等，以督厥咎。”于是以亮为右将军，行丞相事，所总统如前。

冬，亮复出散关，围陈仓，曹真拒之，亮粮尽而还。魏将军王双率骑追亮，亮与战，破之，斩双。七年，亮遣陈式攻武都、阴平。魏雍州刺史郭淮率众欲击式，亮自出至建威，淮退还，遂平二郡。诏策亮曰："街亭之役，咎由马谡，而君引愆，深自贬抑，重违君意，听顺所守。前年耀师，馘斩王双；今岁爰征，郭淮遁走；降集氐、羌，兴复二郡，威镇凶暴，功勋显然。方今天下骚扰，元恶未枭，君受大任，干国之重，而久自挹损，非所以光扬洪烈矣。今复君丞相，君其勿辞。"

【译文】

建兴三年春，诸葛亮率领部队南征。当年秋天，平定南方。由于从南中各地调拨了许多粮草，蜀国更加富饶，于是加紧训练军士，讲授兵法，以等待良机的到来。建兴五年，诸葛亮亲率大军，向北驻扎于汉中，出发前向后主呈交了一篇奏疏（即《出师表》）。

于是出发，把军队驻扎在沔阳县。

建兴六年春天，诸葛亮故意放出消息，要从斜谷道出发，攻打郿县，又派赵云、邓芝率队作为疑兵，占据了箕谷，麻痹敌人，魏派大将军曹真带领部队进行抵抗。诸葛亮亲自率领军马进攻祁山，蜀军阵容整齐，赏罚有信，号令严明，南安郡、天水郡和安定郡纷纷响应投降蜀军，整个关中都因为这种局面而震动起来。魏明帝（曹睿）亲自西行，镇守长安，派张郃出兵抵挡诸葛亮。诸葛亮派马谡做前锋，在街亭与张郃交战。没想到马谡没有完全按照诸葛亮的策略行事，调度失宜，被张郃打得大败。诸葛亮将西县的一千余户人家迁移到汉中来，并斩了马谡向众人致歉。接着上了一篇奏疏："我以薄弱的才能，心怀忐忑地占据了这么重要的职位，亲自带着军旗兵器，砥砺三军，却没能宣明军令告诫军士，面临危急时反而恐惧，以至于造成马谡在街亭战役中因违反命令而失败的局面，而箕谷也因警戒不足而落入敌人手中，这些都是我用人不当导致的。我在用人方面存在失察，就像《春秋经》中所说，在战败时要责备统帅一样，这次的失利，应该由我负责。我希望贬职三等，以督促和勉励过失。”于是，朝廷命诸葛亮为右将军兼任丞相，所掌理的事务还是跟以前一样。

冬天，诸葛亮再从散关出兵，包围了陈仓县，曹真率兵迎战。最终，诸葛亮因粮食用尽而撤军。魏国大将王双率领骑兵从后追击，诸葛亮回头与之交战，打败王双并把他杀了。建兴七年，诸葛亮派陈式率兵攻打武都和阴平两郡。魏国雍州刺史郭淮带军准备进攻陈式，诸葛亮便自己出兵，开到建成县，郭淮慑于诸葛亮的声威，下令退兵。于是诸葛亮很轻易地把武都、阴平两郡平定下来。这时，刘禅下了一道诏书给诸葛亮，说：“街亭战役的失败，罪责其实应该由马谡承担，可是您却承担了责任，自愿贬官，我也不好违背您的意思。前年您出师大捷，斩杀王双；今年又外出征讨，使郭淮退走，又让氐和羌等部落都投降我方，兴复了武都、阴平二郡；您的声威震慑了敌方，这是莫大的功绩。现在天下仍然扰攘不安，首恶魏明帝还没降服，您肩上的担子很重，理当把国家要事托付给您，而今您长久贬官，实在不是光大事业的做法！所以，现在我要恢复您丞相的职位，希望您不要再推辞。”

【原文】

九年，亮复出祁山，以木牛运，粮尽退军，与魏将张郃交战，射杀郃。十二年春，亮悉大众由斜谷出，以流马运，据武功五丈原，与司马宣王对于渭南。亮每患粮不继，使己志不申，是以分兵屯田，为久驻之基。耕者杂于渭滨居民之间，而百姓安堵，军无私焉。相持百余日。其年八月，亮疾病，卒于军，时年五十四。及军退，宣王案行其营垒处所，曰：“天下奇才也！”

亮遗命葬汉中定军山，因山为坟，冢足容棺，敛以时服，不须器物。

【译文】

建兴九年，诸葛亮从祁山出发，用自己设计的“木牛”来运载粮物，等粮食用尽才又撤军。这回是跟魏国的张郃将军作战，射杀了张郃。建兴十二年春天，诸葛亮告知部众由斜谷出发，再用自己设计的“流马”作为运输工具，以武功县的五丈原为根据地，和司马懿隔着渭水相对峙。诸葛亮常担心军粮供应不上，恐怕自己的抱负不能伸展，因此分出一部分兵力进行屯田。负责耕种的军士杂处在渭水边的居民中间，而那里的百姓安居乐业，从未发生士兵劫掠百姓的事件，如此持续了一百多天。这年八月，诸葛亮生病，最终不治，死在军中，死的时候才五十四岁。等到蜀军撤走，司马懿到诸葛亮生前所在的营垒巡视，由衷地称赞道：“真是天下的奇才啊！”

诸葛亮遗命说希望自己能葬在汉中定军山，要借助山势建造坟墓，墓穴刚能容下棺材即可，并且吩咐用平常所穿的衣服装殓即可，无须任何陪葬的器物。

关羽传

【原文】

关羽字云长，本字长生，河东解人也。亡命奔涿郡。先主于乡里合徒众，而羽与张飞为之御侮。先主为平原相，以羽、飞为别部司马，分统部曲。先主与二人寝则同床，恩若兄弟。而稠人广坐，侍立终日，随先主周旋，不避艰险。先主之袭杀徐州刺史车胄，使羽守下邳城，行太守事，而身还小沛。

建安五年，曹公东征，先主奔袁绍。曹公擒羽以归，拜为偏将军，礼之甚厚。绍遣大将颜良攻东郡太守刘延于白马，曹公使张辽及羽为先锋击之。羽望见良麾盖，策马刺良于万众之中，斩其首还，绍诸将莫能当者，遂解白马围。曹公即表封羽为汉寿亭侯。

初，曹公壮羽为人，而察其心神无久留之意，谓张辽曰："卿试以情问之。"既而辽以问羽，羽叹曰："吾极知曹公待我厚，然吾受刘将军厚恩，誓以共死，不可背之。吾终不留，吾要当立效以报曹公乃去。"辽以羽言报曹公，曹公义之。及羽杀颜良，曹公知其必去，重加赏赐。羽尽封其所赐，拜书告辞，而奔先主于袁军。左右欲追之，曹公曰："彼各为其主，勿追也。"

从先主就刘表。表卒，曹公定荆州，先主自樊将南渡江，别遣羽乘船数百艘会江陵。曹公追至当阳长阪，先主斜趣汉津，适与羽船相值，共至夏口。孙权遣兵佐先主拒曹公，曹公引军退归。先主收江南诸郡，乃封拜元勋，以羽为襄阳太守、荡寇将军，驻江北。先主西定益州，拜羽董督荆州事。羽闻马超来降，旧非故人，羽书与诸葛亮，问超人才可谁比类？亮知羽护前，乃答之曰："孟起兼资文武，雄烈过人，一世之杰，黥、彭之徒，当与益德并驱争先，犹未及髯之绝伦逸群也。"羽美须髯①，故亮谓之髯。羽省书大悦，以示宾客。

【注释】

①髯：读rán，胡须。

【译文】

关羽，字云长，本来的字叫长生，是河东郡解县人。逃亡避仇到涿郡。刘备在家乡涿郡涿县招兵买马的时候，关羽和

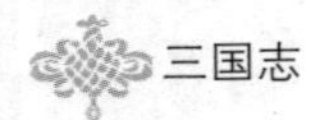

张飞两人共同帮他抵御外人的欺辱。后来刘备当了平原相，就任命关羽和张飞为两部的司马，分别带领军队。刘备跟他们两人关系极为要好，睡则同床，如同亲兄弟一般。但是，在大庭广众之中，他们两人整天在刘备身边站立着守卫，时刻不离刘备左右，不避任何艰难险阻。刘备杀掉徐州刺史车胄后，派关羽驻守下邳城，同时代理太守的职务，自己则返回小沛去了。

汉献帝建安五年春正月，曹操带兵东征，刘备大败，投奔袁绍。曹操活捉了关羽，关羽归顺曹操，做了曹操的偏将军，曹操对待关羽非常好。不久，袁绍派遣大将军颜良在白马县攻打东郡太守刘延，曹操派张辽与关羽两人为先锋，阻击颜良。关羽远远望见颜良的将军旗帜，便快马加鞭，长驱直入，冲到万军之中，斩杀了颜良，把他的头颅带了回来。袁绍手下大将们没有一个能够阻挡得了关羽的，于是，白马的危险解除了。为此，曹操立刻上表奏报朝廷，封关羽为汉寿亭侯。

起初，曹操非常欣赏关羽的为人，觉得他气概雄伟，但是，曹操通过观察关羽的心神发现他似乎没有长久留在自己手下的意思，便对张辽说："你跟他私下交情不错，试试了解下他的真实想法！"于是，张辽就尝试着问了关羽。关羽感叹地回答张辽说："我当然知道曹公对我的一番厚爱，可是，我已接受了刘将军的厚恩，发誓要跟他同生共死，实在是没法违背这誓言啊！我是不会久留此地的，但无论如何，我都要立功报答曹公后再离去。"张辽回去将关羽所说的话告诉了曹操，曹操被关羽这种重义气的风范所感动。等到关羽杀了颜良之后，曹操便知道关羽一定会离开，于是特别加给他一些赏赐。但是关羽把所有的赏赐都封存起来，留下不带走，然后写了一封信向曹操辞行，奔袁绍军中寻找刘备去了。当时曹操的属下有想去追捕他的，曹操连忙拦住，说："他这么做也不过是因为各为其主，不必追了！"

后来关羽随着刘备归附了刘表。刘表死后，曹操平定了荆州，刘备从樊城往南走，想要渡过长江的时候，另外派遣关羽带了几百艘船，到江陵郡会合。曹操大军追到当阳的长阪，刘备奔小路斜插，逃往汉津，正好和关羽的船相遇，便一同去了夏口。这时，孙权派周瑜、程普等带领水军数万来帮刘备抵抗曹操，结果双方在赤壁交战，曹操大败，带兵回了老巢。刘备取下江南的几个郡后，便论功封赏，任命关羽为襄阳太守、荡寇将军，并领兵驻守江北。刘备西进平定益州之后，又命令关羽督管荆州的事务。关羽听说马超投降了刘备，由于与马超从未见过面，便写信问诸葛亮：马超的才能可以跟谁相提并论？诸葛亮深知关羽受不了有人胜过自己，便在回信上说道："马超文武兼备，雄武刚烈超过一般人，确实堪称当代的豪杰，属于英布、彭越那个类型的人，如果用当代人相比的话，那么他有实力和张飞一争高下，但没有美髯公那般绝伦超群啊！"因为关羽的胡须很长，且长得很美，所以诸葛亮称他为美髯公。关羽看完信后，非常高兴，还将这封信拿给宾客们传阅。

【原文】

羽尝为流矢所中，贯其左臂，后创虽愈，每至阴雨，骨常疼痛，医曰："矢镞[①]有毒，毒入于骨，当破臂作创，刮骨去毒，然后此患乃除耳。"羽便伸臂令医劈之。时羽适请诸将饮食相对，臂血流离，盈于盘器，而羽割炙引酒，言笑自若。

二十四年，先主为汉中王，拜羽为前将军，假节钺。是岁，羽率众攻曹仁于樊。曹公遣于禁助仁。秋，大霖雨，汉水泛溢，禁所督七军皆没。禁降羽，羽又斩将军庞德。梁、郏、陆浑群盗或遥受羽印号，为之支党，羽威震华夏。曹公议徙许都以避其锐，司马宣王、蒋济以为关羽得志，孙权必不愿也。可遣人劝权蹑其后，许割江南以封权，则樊围自解。曹公从之。先是，权遣使为子索羽女，羽骂辱其使，不许婚，权大怒。又南郡太守麋芳在江陵，将军士仁屯公安，素皆嫌羽轻己。自羽之出军，芳、仁供给军资，不悉相救，羽言“还当治之”，芳、仁咸怀惧不安。于是权阴诱芳、仁，芳、仁使人迎权。而曹公遣徐晃救曹仁，羽不能克，引军退还。权已据江陵，尽虏羽士众妻子，羽军遂散。权遣将逆击羽，斩羽及子平于临沮。

追谥羽曰壮缪侯。子兴嗣。兴字安国，少有令问，丞相诸葛亮深器异之。弱冠为侍中、中监军，数岁卒。子统嗣，尚公主，官至虎贲中郎将。卒，无子，以兴庶子彝续封。

【注释】

①镞：读zú，箭头。

【译文】

关羽曾被流箭射中，贯穿了左臂，后来伤口虽然痊愈，但每逢阴天下雨，骨头常常疼痛不已。有位医生跟关羽说：“箭头上有毒，已经渗入骨头里了，必须割开皮肉，刮去骨头上的毒，然后疼痛才能消除。”关羽听了，便伸出手臂，让医生剖开手臂医治。当时，关羽正好邀请将领们一起饮宴，他的手臂上鲜血淋漓，接血的盘子都装满了，但关羽跟没事人一样，跟将士们饮酒聊天，谈笑自如。

建安二十四年，刘备做了汉中王，任命关羽为前将军，加符节与斧钺。这年，关羽带兵去樊县攻打曹仁。曹操派于禁援助曹仁。秋天时，大雨不停，汉水泛滥，把于禁所率领的七军全都给淹了。最后于禁向关羽投降，关羽又斩了魏将庞德。当时，梁、郏、陆浑各县的盗匪，有的虽然相隔很远，但也臣服于关羽，此时，关羽的声誉到了顶点，威震华夏。曹操甚至跟群臣商议，要将都城从许昌迁走，以回避关羽的锋芒，但是，司马懿、蒋济两人认为关羽一时得志，孙权必然会不高兴。可以派人去游说孙权，答应把江南地方割让给他，然后让他从背后攻击关羽，那样，樊县的危机便自动解除了。曹操接受了这个建议。这之前，孙权曾派人找到关羽，替自己的儿子向关羽的女儿提亲，结果关羽不但不同意，还把孙权派去的使者大骂了一顿，为此，孙权非常气愤。另外，南郡太守麋芳、驻守公安郡的将军傅士仁，都一向对关羽有不满情绪，他们觉得关羽瞧不起自己，因此心中怀恨。关羽出兵后，麋芳、傅士仁虽负责供给军资，却总是故意拖延。为这，关羽曾说“回来一定要严惩你们”，麋芳、傅士仁两人都感到恐惧不安。于是，孙权乘机派人暗中引诱二人归附自己，结果他们派人接应孙权。而曹操又派徐晃救援曹仁，关羽跟徐晃交战几次，无法取胜，便带领军队撤回。可这时孙权已经占据江陵，俘虏了关羽手下将士的妻子儿女，关羽的部队因此溃散。孙权又派将领追击他，终于在临沮把关羽和他的儿子关平都斩杀了。

后主刘禅继位后，追谥关羽为壮缪侯。关羽的儿子关兴继承了他的爵位。关兴字安国，年少时就很有名，丞相诸葛亮非常器重他。关兴二十岁就做了侍中、中监军，几年后去世。关兴死后，他的儿子关统继承了爵位，娶了公主，官至虎贲中郎将。关统死后，没有嫡子，就让关兴小妾生的儿子关彝继承了爵位。

张飞传

【原文】

张飞字益德，涿郡人也，少与关羽俱事先主。羽年长数岁，飞兄事之。先主从曹公破吕布，随还许，曹公拜飞为中郎将。先主背曹公依袁绍、刘表。表卒，曹公入荆州，先主奔江南。曹公追之，一日一夜，及于当阳长阪。先主闻曹公卒至，弃妻子走，使飞将二十骑拒后。飞据水断桥，瞋目横矛曰："身是张益德也，可来共决死！"敌皆无敢近者，故遂得免。先主既定江南，以飞为宜都太守、征虏将军，封新亭侯，后转在南郡。先主入益州，还攻刘璋，飞与诸葛亮等泝流而上，分定郡县。至江州，破璋将巴郡太守严颜，生获颜。飞呵颜曰："大军至，何以不降而敢拒战？"颜答曰："卿等无状，侵夺我州，我州但有断头将军，无有降将军也。"飞怒，令左右牵去斫[①]头，颜色不变，曰："斫头便斫头，何为怒邪！"飞壮而释之，引为宾客。飞所过战克，与先主会于成都。益州既平，赐诸葛亮、法正、飞及关羽金各五百斤，银千斤，钱五千万，锦千匹，其余颁赐各有差，以飞领巴西太守。

曹公破张鲁，留夏侯渊、张郃守汉川。郃别督诸军下巴西，欲徙其民于汉中，进军宕渠、蒙头、盪石，与飞相拒五十余日。飞率精卒万余人，从他道邀郃军交战，山道迮狭，前后不得相救，飞遂破郃。郃弃马缘山，独与麾下十余人从间道退，引军还南郑，巴土获安。先主为汉中王，拜飞为右将军、假节。章武元年，迁车骑将军，领司隶校尉，进封西乡侯，策曰："朕承天序，嗣奉洪业，除残靖乱，未烛厥理。今寇虏作害，民被荼毒，思汉之士，延颈鹤望。朕用怛然，坐不安席，食不甘味，整军诰誓，将行天罚。以君忠毅，侔踪召虎，名宣遐迩，故特显命，高墉进爵，兼司于京。其诞将天威，柔服以德，伐叛以刑，称朕意焉。《诗》不云乎，‘匪疚匪棘，王国来极。肇敏戎功，用锡尔祉’。可不勉欤！”

初，飞雄壮威猛，亚于关羽，魏谋臣程昱等咸称羽、飞万人之敌也。羽善待卒伍而骄于士大夫，飞爱敬君子而不恤小人。先主常戒之曰：“卿刑杀既过差，又日鞭挝健儿，而令在左右，此取祸之道也。”飞犹不悛。先主伐吴，飞当率兵万人，自阆中会江州。临发，其帐下将张达、范强杀飞，持其首，顺流而奔孙权。飞营都督表报先主，先主闻飞都督之有表也，曰：“噫！飞死矣。”追谥飞曰桓侯。长子苞，早夭。次子绍嗣，官至侍中尚书仆射。苞子遵为尚书，随诸葛瞻于绵竹，与邓艾战，死。

【注释】

①斫：读zhuó，砍头。

【译文】

张飞，字益德，涿郡人。张飞年轻时，与关羽一起追随刘备。关羽年纪比他大几岁，张飞便像对待兄长一般对待关羽。刘备跟随曹操击败吕布，之后又跟曹操一起回到许都，曹操就任命张飞为中郎将。后来，刘备离开了曹操，先后依附袁绍、刘表。刘表死后，曹操夺得荆州，刘备只好逃往江南。曹操带领五千精兵追赶刘备，一日一夜，终于在当阳县长阪追上了刘备。刘备听说曹军到来，就丢下妻小逃跑走了，并让张飞带二十位骑兵殿后。张飞隔着水，折断了桥梁，瞪圆眼睛，横拿着长矛，大声吼道：“我就是张益德，你们中哪个有胆量，

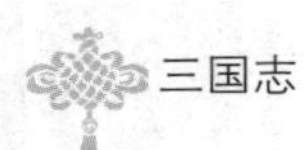

就过来跟我一决生死！”曹军没人敢接近他，终于解除了一场危机。刘备平定江南以后，任命张飞为宜都太守、征虏将军，封为新亭侯，后来转调到南郡。刘备进入益州，带兵攻打刘璋时，让张飞等人领兵和他会合。张飞与诸葛亮等人分别带兵逆流而上，沿途平定各个郡县。张飞到江州县时，打败了刘璋手下大将巴郡太守严颜的部队，同时活捉了严颜。张飞呵责严颜说：“大军已然来到，你为什么还不投降，竟然还抵抗？”严颜正色回答说：“你们无缘无故侵夺我们的州郡，我们这里只有断头将军，没有投降将军！”张飞大怒，命令部下把严颜拉出去砍头，但是，严颜面不改色，说：“砍头就砍头，发什么火呢！”张飞觉得他是个真壮士，立刻释放了严颜，而且用对待宾客的礼仪对待他。张飞一路下来，每战必胜，最终在成都与刘备会师。益州平定后，刘备封赏有功的人员，赐给诸葛亮、法正、张飞及关羽，每人各黄金五百斤、白银一千斤、钱五千万、锦一千匹，其他的人也都按功封赏，并让张飞做了巴西郡太守。

曹操打败张鲁之后，留下夏侯渊、张郃两人守卫汉川。张郃另外督导军队进入巴西郡，想把当地的百姓迁移到汉中，进军宕渠、蒙头、盪石三县时，遇到张飞，跟张飞僵持了五十多天。张飞率领一万多精兵，从另一条路与张郃交战，由于山路狭窄，张郃的军队前后不能相互支援，因此，被张飞打败。张郃扔下战马，和十多个部下爬上山，抄小路逃走，之后收拾剩余的部队回到了南郑。从此，巴郡获得安宁。刘备做汉中王，曾封张飞为右将军，加符节。章武元年，升张飞为车骑将军，领司隶校尉，后来又加封为西乡侯，在张飞的任命书上，刘备说：“我遵从上天的安排，继承汉室大业，一路铲除残暴，平定乱局，还没能使天下恢复秩序。如今寇虏作乱，导致天下生灵涂炭，那些思念我大汉的百姓，无不像鹤伸着脖子等待食物一样期盼着我们。我为此感到忧伤，已经到了坐不安席，食不甘味的地步。于是便整顿军备，发誓要替天行道，讨伐作乱的妖孽们。你忠贞刚毅，可比周朝的召穆公，而且你声誉美好，远近闻名，所以特此为你升迁爵位，兼管京城地区。希望你弘扬上天之德，用良好的品性去感化百姓，用刑罚来对付叛逆的贼寇，让百姓称心，也让我满意。《诗经》上说‘不要伤害百姓，也不要操之过急，要一切以国家为上。你有特殊才能，上天就会给你福祉’。我希望你能够用这句话来勉励自己。”

当初，张飞雄壮威猛，仅次于关羽，魏国的谋臣程昱等人都称赞关羽、张飞，一个人能抵得上一万人。关羽对普通士兵十分爱护，但对于士大夫傲慢无理；张飞敬爱君子，却很少体恤军士。刘备时常警告他说：“你刑罚太重，每天都鞭打军士，之后又让他们在身边侍候你，这可是招灾惹祸的做法啊！”张飞却总是不改。刘备讨伐东吴时，张飞本来要率领一万人，从阆中出发，到江州和刘备会合的。可是在出发之前，张飞的部下张达、范强两人割下了张飞的首级，顺流而下，投奔孙权去了。张飞营中的都督将这件事上表奏报给了刘备，刘备听说张飞的都督有表上奏，立刻说道：“哎呀！张飞死了！”后主时，追谥张飞为桓侯。那时，张飞的大儿子张苞早就过世了，因此由其二儿子张绍继承爵位，张绍后来官做到了侍中尚书仆射。张苞的儿子张遵，官做到了尚书，他曾跟随诸葛瞻到绵竹和邓艾部队作战，结果战死，为国捐躯了。

马超传

【原文】

马超字孟起，扶风茂陵人也。父腾，灵帝末与边章、韩遂等俱起事于西州。初平三年，遂、腾率众诣长安。汉朝以遂为镇西将军，遣还金城，腾为征西将军，遣屯郿。后腾袭长安，败走，退还凉州。司隶校尉钟繇镇关中，移书遂、腾，为陈祸福。腾遣超随繇讨郭援、高幹于平阳，超将庞德亲斩援首。后腾与韩遂不和，求还京畿。于是征为卫尉，以超为偏将军，封都亭侯，领腾部曲。

超既统众，遂与韩遂合从，及杨秋、李堪、成宜等相结，进军至潼关。曹公与遂、超单马会语，超负其多力，阴欲突前捉曹公，曹公左右将许褚瞋目盻之，超乃不敢动。曹公用贾诩谋，离间超、遂，更相猜疑，军以大败。超走保诸戎，曹公追至安定，会北方有事，引军东还。杨阜说曹公曰："超有信、布之勇，甚得羌、胡心。若大军还，不严为其备，陇上诸郡非国家之有也。"超果率诸戎以击陇上郡县，陇上郡县皆应之，杀凉州刺史韦康，据冀城，有其众。超自称征西将军，领并州牧，督凉州军事。康故吏民杨阜、姜叙、梁宽、赵衢等，合谋击超。阜、叙起于卤城，超出攻之，不能下；宽、衢闭冀城门，超不得入。进退狼狈，乃奔汉中依张鲁。鲁不足与计事，内怀于邑，闻先主围刘璋于成都，密书请降。

先主遣人迎超，超将兵径到城下。城中震怖，璋即稽首，以超为平西将军，督临沮，因为前都亭侯。先主为汉中王，拜超为左将军，假节。章武元年，迁骠骑将军，领凉州牧，进封斄乡侯，策曰："朕以不德，获继至尊，奉承宗庙。曹操父子，世载其罪，朕用惨怛，疢如疾首。海内怨愤，归正反本，暨于氐、羌率服，獯鬻[①]慕义。以君信著北土，威武并昭，是以委任授君，抗飏虓虎，兼董万里，求民之瘼。其明宣朝化，怀保远迩，肃慎赏罚，以笃汉祜，以对于天下。"二年卒，时年四十七。临没上疏曰："臣门宗二百余口，为孟德所诛略尽，惟有从弟岱，当为微宗血食之继，深托陛下，余无复言。"追谥超曰威侯，子承嗣。岱位至平北将军，进爵陈仓侯。超女配安平王理。

【注释】

①獯鬻：读xūn yù，指代匈奴。

【译文】

马超，字孟起，扶风郡茂陵县人。他的父亲马腾，在汉灵帝末年，跟边章、韩遂等人一起在西州起兵。汉灵帝初平三年，韩遂、马腾率军到达长安。朝廷封韩遂为镇西将军，派他回去驻守金城；封马腾为征西将军，调他守卫郿县。后来马腾带兵袭击长安，结果失败，便领兵退回了凉州。当时，司隶校尉钟繇镇守关中，他曾写信给韩遂、马腾，为他们分析利弊祸福。马腾便派马超跟钟繇到平阳郡去讨伐郭援、高幹。马超手下的大将庞德亲自斩下郭援的首级。后来，马腾与韩遂闹僵，上书要求调回京城。于是，朝廷征召马腾做了卫尉，任命马超为偏将军，加封都亭侯，统率马腾的军队。

马超获得军权之后，便跟韩遂联合，又和杨秋、李堪、成宜等人结盟，一同进军到了潼关。曹操征讨西凉时，曾单人骑马过来和韩遂、马超会谈，马超依仗自己力气大，想出其不意冲上前捉拿曹操，后由于曹操身边的大将许褚瞪眼怒视着他，才没敢动手。曹操采用贾诩的计谋，离间马超与韩遂，使

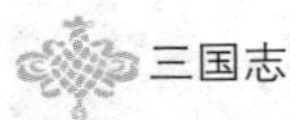

他们二人互相猜疑，因而击败了马、韩联军。马超逃走，去了少数民族地区以求自保，曹操追到安定县，正赶上北方有战事，便领兵回东面去了。杨阜向曹操建议说：“马超有韩信、吕布一般的勇猛，且很受羌人与胡人爱戴。如果大军就这样回去，而不额外设置防备的话，恐怕陇右各郡用不了多久就不再属于朝廷了。”果然，没多久，马超便率领少数民族兵众来攻击陇上的郡县了，这些地方都纷纷响应他，结果，马超杀了凉州刺史韦康，占领冀城，得到了韦康的全部人马。马超自称为征西将军、并州刺史，并总督凉州的军事。杨阜、姜叙、梁宽与赵衢等人是韦康的旧臣，他们合谋要攻打马超。于是杨阜、姜叙在卤城起兵，马超率军进攻，无法取胜；而梁宽、赵衢则紧闭冀城的城门，教马超不能进入，这样，马超进退失据，便逃到汉中，投靠了张鲁。但很快，马超就觉得张鲁不是个能成就大事业的人，因此内心郁闷不乐。就在这时，他听说刘备在成都围攻刘璋，便偷偷叫人送信，请求接受他的投诚。

刘备派人迎接马超，马超率兵直接开到成都城下。城中的人见马超到来，都感到惶恐不安，刘璋更是当即顿首投降。刘备因此封马超为平西将军，总督临沮郡，并封他为前都亭侯。刘备做汉中王时，任命马超为左将军，加符节。章武元年，又升马超为骠骑将军，任凉州刺史，后来又加封为斄乡侯，在马超的任命书上，刘备说：“我是一个德行浅薄的人，却继承了皇帝位置，得以执掌祭祀宗庙。世人都知道曹操父子的罪状，我也因此悲伤哀痛，像得了头痛病一样。四海之内，人们无不胸怀怨愤，思念大汉回归，甚至氐人、羌人这种少数民族都一一归顺我们，匈奴更是想要成为我们的臣属。你在北方名声响亮，信誉卓绝，真是威武辉映，所以我把镇守西凉的重任交给你。你勇猛威武，不仅要监督万里的地方，更要广泛了解民间的疾苦。希望你公开宣扬朝廷的教化，保护近处的百姓，体恤远方的子民，谨慎执行赏罚，好加深大汉的福祚，这样才不会辜负天下万民的期望。”章武二年，马超去世，时年四十七岁。他临死前上疏给刘备，说：“臣家族二百多口，几乎被曹操杀尽了，只有我的堂弟马岱，还能继承我家族的血脉，我把他托付给您，其余就无所挂怀了。”后主时，追谥马超为威侯。他的儿子马承继承了爵位。马超的堂弟马岱官至平北将军，被封陈仓侯。马超的女儿嫁给了安平王刘理。

黄忠传

【原文】

黄忠字汉升，南阳人也。荆州牧刘表以为中郎将，与表从子磐共守长沙攸县。及曹公克荆州，假行裨将军，仍就故任，统属长沙太守韩玄。先主南定诸郡，忠遂委质，随从入蜀。自葭萌受任，还攻刘璋，忠常先登陷陈，勇毅冠三军。益州既定，拜为讨虏将军。

建安二十四年，于汉中定军山击夏侯渊。渊众甚精，忠推锋必进，劝率士卒，金鼓振天，欢声动谷，一战斩渊，渊军大败。迁征西将军。是岁，先主为汉中王，欲用忠为后将军，诸葛亮说先主曰：“忠之名望，素非关、马之伦也，而今便令同列。马、张在近，亲见其功，尚可喻指；关遥闻之，恐必不悦，得无不可乎！”先主曰：“吾自当解之。”遂与羽等齐位，赐爵关内侯。明年卒，追谥刚侯。子叙，早没，无后。

【译文】

黄忠，字汉升，南阳郡人。荆州刺史刘表曾任命他为中郎将，和刘表的侄子刘磐共同驻守长沙攸县。曹操夺取荆州之后，暂时任命他为裨将军，依旧担任原职，于长沙太守韩玄帐下听命。刘备平定了南方数郡，黄忠向他投靠称臣，之后跟随刘备进入四川。汉献帝建安十七年，刘备从葭萌返回攻打成都，黄忠常任先锋，勇冠三军。益州平定后，刘备任命他为讨虏将军。

建安二十四年，黄忠在汉中的定军山攻击夏侯渊。夏侯渊的部队非常精良，但黄忠的兵锋势不可当，他身先士卒，鼓励并带领士兵冲杀，杀声震地，一战便斩了夏侯渊，夏侯渊的部队战败逃走。于是，刘备升黄忠为征西将军。这年，刘备做了汉中王，他想任命黄忠为后将军，诸葛亮劝刘备说："以黄忠的声望，是不能和关羽、马超两人相比的，现在让他们在职位上等同，马超和张飞一直跟在您身边，亲眼看到他立功，还可以接受这点，但是，关羽身在远方，他得知消息后，恐怕会不高兴，所以，这样做怕是不太妥当吧！"刘备说："我自有解决的办法。"于是，便让黄忠与关羽等人同列要职，封为关内侯。第二年，黄忠就去世了。后主时，追谥黄忠为刚侯。黄忠的儿子叫黄叙，很早就死去了，黄氏一门也就没了后代。

赵云传

【原文】

赵云字子龙，常山真定人也。本属公孙瓒，瓒遣先主为田楷拒袁绍，云遂随从，为先主主骑。及先主为曹公所追于当阳长阪，弃妻子南走，云身抱弱子，即后主也，保护甘夫人，即后主母也，皆得免难。迁为牙门将军。先主入蜀，云留荆州。

先主自葭萌还攻刘璋，召诸葛亮。亮率云与张飞等俱泝江西上，平定郡县。至江州，分遣云从外水上江阳，与亮会于成都。成都既定，以云为翊军将军。建兴元年，为中护军、征南将军，封永昌亭侯，迁镇东将军。五年，随诸葛亮驻汉中。明年，亮出军，扬声由斜谷道，曹真遣大众当之。亮令云与邓芝往拒，而身攻祁山。云、芝兵弱敌强，失利于箕谷，然敛众固守，不至大败。军退，贬为镇军将军。

七年卒，追谥顺平侯。

初，先主时，惟法正见谥；后主时，诸葛亮功德盖世，蒋琬、费祎荷国之重，亦见谥；陈祗宠待，特加殊奖，夏侯霸远来归国，故复得谥；于是关羽、张飞、马超、庞统、黄忠及云乃追谥，时论以为荣。云子统嗣，官至虎贲中郎，督行领军。次子广，牙门将，随姜维沓中，临阵战死。

【译文】

赵云，字子龙，常山郡真定县人。他本是公孙瓒的手下，当初，公孙瓒派刘备帮田楷抵抗袁绍时，赵云随从，后成为刘备手下的一员大将，主管骑兵。刘备在当阳县的长阪被曹操赶上时，丢下妻小，往南方逃走。当时赵云在乱军之中，身抱刘备的儿子，就是后主刘禅；保护着刘备的妻子甘夫人，就是后主刘禅的母亲。正是因为有他，刘禅母子二人才免于灾难。于是，刘备升他为牙门将军。刘备带兵去四川的时候，赵云留守在荆州。

刘备从葭萌县返回攻打刘璋的时候，命令诸葛亮从荆州带兵前来助阵。诸葛亮就率领赵云和张飞等人，一同逆长江西上，分别平定路过的各郡县，到了江州县，诸葛亮分派赵云从外水上江阳县，之后与诸葛亮在成都会师。平定了成都后，赵云被封为翊军将军。建兴元年，赵云被任命为中护军、征南将军，封永昌亭侯，后来又调升为镇东将军。建兴五年，赵云跟随诸葛亮驻守汉中。第二年，诸葛亮出师伐魏，故意扬言要从斜谷道出发，魏国大将曹真信以为真，便派大军前来抵挡。诸葛亮命令赵云与邓芝两人带兵去对抗曹真，自己却带兵攻打祁山。赵云、邓芝兵少，而对方的兵力强大，因此，在箕谷地方被曹真打败了。但是他们很快便聚合了军队，守住了营地，所以，局面还不算太糟糕。大军退回后，赵云因为失败，被贬为镇军将军。

建兴七年，赵云去世。后主时，追谥他为顺平侯。

最开始，即刘备在位时，只有法正一人死后授予了谥号；后主刘禅即位后，诸葛亮功高盖世，蒋琬、费祎等担负国家重任，所以都被追加了谥号；陈祇是后主所宠爱的臣子，便特别给他了一份殊荣，赐予谥号奖励，夏侯霸从远方来投降，也得到了谥号。于是，关羽、张飞、马超、庞统、黄忠及赵云等人也都一一给予追加谥号，当时的舆论莫不认为这是件大大的好事。赵云的儿子赵统继承了赵云的爵位，后来官做到虎贲中郎将，代理领军职务。二儿子赵广，官做到牙门将，跟随姜维到沓中打仗时，临阵战死。

吴书

吴主传

【原文】

孙权字仲谋。兄策既定诸郡，时权年十五，以为阳羡长。郡察孝廉，州举茂才，行奉义校尉。汉以策远修职贡，遣使者刘琬加锡命。琬语人曰："吾观孙氏兄弟虽各才秀明达，然皆禄祚不终，惟中弟孝廉，形貌奇伟，骨体不恒，有大贵之表，年又最寿。尔试识之。"

建安四年，从策征庐江太守刘勋。勋破，进讨黄祖于沙羡。五年。策薨，以事授权，权哭未及息。策长史张昭谓权曰："孝廉，此宁哭时邪？且周公立法而伯禽不师，非欲违父，时不得行也。况今奸宄竞逐，豺狼满道，乃欲哀亲戚，顾礼制，是犹开门而揖盗，未可以为仁也。"乃改易权服，扶令上马，使出巡军。是时惟有会稽、吴郡、丹杨、豫章、庐陵，然深险之地犹未尽从，而天下英豪布在州郡，宾旅寄寓之士以安危去就为意，未有君臣之固。张昭、周瑜等谓权可与共成大业，故委心而服事焉。曹公表权为讨虏将军，领会稽太守，屯吴，使丞之郡行文书事。待张昭以师傅之礼，而周瑜、程普、吕范等为将率。招延俊秀，聘求名士，鲁肃、诸葛瑾等始为宾客。分部诸将，镇抚山越，讨不从命。

八年，权西伐黄祖，破其舟军，惟城未克，而山寇复动。还过豫章，使吕范平鄱阳，程普讨乐安，太史慈领海昏，韩当、周泰、吕蒙等为剧县令长。

九年，权弟丹杨太守翊为左右所害，以从兄瑜代翊。

十二年，西征黄祖，虏其人民而还。

【译文】

孙权，字仲谋。他的哥哥孙策平定各郡的时候，孙权十五岁，被任命为阳羡县长。他被郡首举荐为孝廉，被州牧举荐为秀才，担任奉义校尉。朝廷认为孙策驻地偏远，却能按时纳贡，便派遣使者刘琬去加封锡命，认可他的职位。刘琬告诉别人说："我看孙家兄弟们虽然个个才华出众，明智通达，可是官运都不长，只有当中那位当选孝廉的弟弟，容貌奇伟，资质不凡，有大贵的面相，而且最为长寿，你们试着记住我的话吧。"

建安四年，孙权跟随孙策讨伐庐江太守刘勋。打败刘勋之后，又进兵沙羡县，讨伐黄祖。建安五年，孙策去世，将国家大事交付给了孙权，孙权则痛哭不停。孙策的长史张昭对孙权说："孝廉，这难道是哭的时候吗？从前周公立法规定国家有丧不动兵，伯禽母亲去世时正值徐戎作难，伯禽停止哭泣带兵出征，这并非有意违背父旨，而是时势使然，不得不如此啊！何况现在天下纷乱，到处是凶猛如豺狼一般的坏人当道，如果仍执守礼仪，一味想着哀悼亲人，那等于是开了门请盗贼进来，这种行为不能称之为仁。"于是请孙权换掉丧服，扶鞍上马，出去巡逻军队。当时，孙权的领地只有会稽、吴郡、丹杨、豫章和庐陵几个郡，而且一些险要地区还没有完全归服，天下的英雄豪杰多散布在各个州郡，这批士人只根据自身的安危决定去留，与孙权之间还没有建立牢固的君臣关系。张昭和周瑜等人觉得，孙权是可以共成大业的人，所以诚心诚意地辅助他。曹操推举孙权为讨虏将军，担任会稽太守，屯兵在吴地。孙权派遣郡丞到会稽代理文书事务，以师傅之礼对待张昭，任周瑜、程普、吕范等人为将帅，又广布告示，招纳才俊，聘求名士，鲁肃、诸葛瑾等人都成了他的宾客。孙权分派部将，平定安抚山越，讨伐不服从命令的人。

建安八年，孙权带兵西进，讨伐黄祖，击败了黄祖的水军，只有黄祖的城池没有攻下。这时候，山越县有兵叛乱。孙权回军时经过豫章，派吕范平定了鄱阳县，派程普讨伐了乐安县，太史慈兼任海昏县令，另外韩当、周泰、吕蒙等人都出任政务繁难之县的县长。

建安九年，孙权的弟弟丹杨太守孙翊被手下人杀害，孙权任命自己的堂兄孙瑜继任丹杨太守。

建安十二年，孙权西进讨伐黄祖，劫掠了黄祖的百姓之后返回。

【原文】

十三年春，权复征黄祖，祖先遣舟兵拒军，都尉吕蒙破其前锋，而凌统、董袭等尽锐攻之，遂屠其城。祖挺身亡走，骑士冯则追枭其首，虏其男女数万口。是岁，使贺齐讨黟、歙，分歙为始新、新定、犁阳、休阳县，以六县为新都郡。荆州牧刘表死，鲁肃乞奉命吊表二子，且以观变。肃未到，而曹公已临其境，表子琮举众以降。刘备欲南济江，肃与相见，因传权旨，为陈成败。备进住夏口，使诸葛亮诣权，权遣同瑜、程普等行。是时曹公新得表众，形势甚盛，诸议者皆望风畏惧，多劝权迎之。惟瑜、肃执拒之仪，意与权同。瑜、普为左右督，各领万人，与备俱进，遇于赤壁，大破曹公军。公烧其余船引退，士卒饥疫，死者大半。备、瑜等复追至南郡，曹公遂北还，留曹仁、徐晃于江陵，使乐进守襄阳。时甘宁在夷陵，为仁党所围，用吕蒙计，留凌统以拒仁，以其半救宁，军以胜反。权自率众围合肥，使张昭攻九江之当涂。昭兵不利，权攻城逾月不能下。曹公自荆州还，遣张喜将骑赴合肥。未至，权退。

十九年五月，权征皖城。闰月，克之，获庐江太守朱光及参军董和，男女数万口。是岁刘备定蜀。权以备已得益州，令诸葛瑾从求荆州诸郡。备不许，曰："吾方图凉州，凉州定，乃尽以荆州与吴耳。"权曰："此假而不反，而欲以虚辞引岁。"遂置南三郡长吏，关羽尽逐之。权大怒，乃遣吕蒙督鲜于丹、徐忠、孙规等兵二万取长沙、零陵、桂阳三郡，使鲁肃以万人屯巴丘以御关羽。权住陆口，为诸军节度。蒙到，二郡皆服，惟零陵太守郝普未下。会备到公安，使关羽将三万兵至益阳，权乃召蒙等使还助肃。蒙使人诱普，普降，尽得三郡将守，因引军还，与孙皎、潘璋并鲁肃兵并进，拒羽于益阳。未战，会曹公入汉中，备惧失益州，使使求和。权令诸葛瑾报，更寻盟好，遂分荆州长沙、江夏、桂阳以东属权，南郡、零陵、武陵以西属备。备归，而曹公已还。权反自陆口，遂征合肥。合肥未下，撤军还。兵皆就路，权与凌统、甘宁等在津北为魏将张辽所袭，统等以死捍权，权乘骏马越津桥得去。

【译文】

建安十三年春天，孙权再度征讨黄祖，黄祖先派水师迎战，都尉吕蒙打败了黄祖的先锋部队，接着凌统、董袭率精兵全力进攻，很快就攻破了黄祖的城池，大肆屠杀城中人口。黄祖奋力突围，独自一人逃走，骑士冯则追上了黄祖，砍下了他的头颅，这一战，孙权俘虏了好几万男女。同年，孙权派贺齐征讨黟县、歙县，并分出歙县的部分地区，划为始新、新定、犁阳和休阳四个县，然后将这六个县设为新都郡。荆州刺史刘表去世，鲁肃请求前去吊慰刘表的两个儿子，并借机观察事态的动向。结果，鲁肃还没到荆州，曹操的军队就已经开到荆州城下，刘表的儿子刘琮立刻率领部众投降。刘备打算往南渡过长江，鲁肃前去见他，陈述了孙权方的看法，并分析目前局势，以及各方成败的关键。刘备驻军夏口，派诸葛亮去游说孙权，孙权大为所动，派周瑜、程普等带军与刘备会合，共同抵抗曹操。这时，曹操刚收并了刘表的部队，军势浩大，商议此事的时候，大多数人都惶惧不安，力劝孙权放弃抵抗，归顺曹操。只有周瑜、鲁肃极力主张对抗曹军，与孙权的意思不谋而合。于是孙权派周瑜、程普为左右督军，各带领万人部队，与刘备分头并进，最终与曹军相遇于赤壁，之后大破曹操军队。曹操烧毁了剩下的战船，下令撤退，士卒们饥饿难忍，又遇上了瘟疫，结果死伤大半。刘备、周瑜带兵紧追曹操，一直到南郡，曹操派曹仁、徐晃留守江陵，让乐进镇守襄阳，自己带领大军继续北撤。当时甘宁在夷陵被曹仁的军队包围，吕蒙献计说，应该留下凌统带兵牵制曹仁的军队，另外分出一半部队去营救甘宁，孙权听从了吕蒙的建议，获得胜利。孙权亲自率领军队攻打合肥，又派张昭攻打九江的当涂县。结果张昭出师不利，未能得胜，孙权这边也久攻不下。曹操从荆州返回，派张喜带骑兵支援合肥。曹军还未赶到，孙权已下令撤兵。

建安十九年五月，孙权征讨皖城。闰五月时，才攻下了宛城，俘获了庐江太守朱光和参军董和，以及当地男女数万人。这年，刘备成功平定了蜀地。孙权因刘备已经得到益州，便派诸葛瑾去见刘备，要求对方将荆州各郡还给自己。刘备没有答应，借口说："我现在正要去攻凉州，等我拿下了凉州，一定把荆州全部奉送给吴。"孙权说："这是不想还给我们，故意找借口拖延时间。"于是孙权在南方三郡设立长官，结果全被关羽给赶走。孙权听到后大怒，便派吕蒙督军，与鲜于丹、徐忠、孙规等人带领二万兵士，攻打长沙、零陵、桂阳三郡，另外派鲁肃带领一万军队屯驻在巴丘，以抵御关羽的进攻。孙权自己驻扎在陆口，指挥调度各路军队。吕蒙军队一到，长沙、桂阳两个郡就投降了，只有零陵郡太守郝普不肯归顺。这时刘备抵达公安郡，命令关羽带兵三万开往益阳郡，孙权见状，下令吕蒙等人领军支援鲁肃。吕蒙派人诱降郝普，郝普投降，至此三郡皆归东吴。于是带兵返回，与孙皎、潘璋的军队会合鲁肃，去益阳对抗关羽。双方尚未开战，恰巧赶上曹操进攻汉中，刘备害怕失去益州，便派使者向孙权求和。孙权权衡利弊后，命诸葛瑾与蜀会谈，重订盟约，于是分割荆州，长沙、江夏、桂阳以东地区归东吴，而南郡、零陵、武陵以西地区归西蜀。刘备会谈结束后返回时，曹操已经撤兵回去了。孙权从陆口出发，征讨合肥，没有得手，便引军回去。孙权手下的各路兵马都已上路后，孙权和凌统、甘宁等人在逍遥津的北边遭张辽偷袭，凌统等人拼死保护孙权，孙权骑马冲过津桥，得以逃生。

【原文】

二十三年十月，权将如吴，亲乘马射虎于庱[①]亭。马为虎所伤，权投以双戟，虎却废，常从张世击以戈，获之。

二十四年，关羽围曹仁于襄阳，曹公遣左将军于禁救之。会汉水暴起，羽以舟兵尽虏禁等步骑三万送江陵，惟城未拔。权内惮羽，外欲以为己功，笺与曹公，乞以讨羽自效。曹公且欲使羽与权相持以斗之，驿传权书，使曹仁以弩射示羽。羽犹豫不能去。闰月，权征羽，先遣吕蒙袭公安，获将军士仁。蒙到南郡，南郡太守麋芳以城降。蒙据江陵，抚其老弱，释于禁之囚。陆逊别取宜都，获秭归、枝江、夷道，还屯夷陵，守峡口以备蜀。关羽还当阳，西保麦城。权使诱之。羽伪降，立幡旗为象人于城上，因遁走，兵皆解散，尚十余骑。权先使朱然、潘璋断其径路。十二月，璋司马马忠获羽及其子平、都督赵累等于章乡，遂定荆州。是岁大疫，尽除荆州民租税。曹公表权为骠骑将军，假节领荆州牧，封南昌侯。权遣校尉梁寓奉贡于汉，及令王惇市马，又遣朱光等归。

二十五年春正月，曹公薨，太子丕代为丞相魏王，改年为延康。秋，魏将梅敷使张俭求见抚纳。南阳阴、酇、筑阳、山都、中庐五县民五千家来附。冬，魏嗣王称尊号，改元为黄初。

【注释】

①庱：读chěng。

【译文】

建安二十三年十月，孙权到吴地去，亲自骑马在庱亭这个地方射击猛虎，结果孙权骑的马被老虎咬伤，孙权立刻投掷两枚兵戟过去，老虎受伤后后退；孙权身边的亲近侍卫张世，再用平头戟刺击老虎，终于把它制伏。

建安二十四年，关羽在襄阳城围攻曹仁，曹操派左将军于禁前往救援。恰逢当时汉水暴涨，关羽利用水势乘船俘虏了于禁的三万步骑，押送去了江陵，只差襄阳城还没攻下。孙权心里害怕关羽，又想向曹操邀功，因此写信给曹操，说自己要去征讨关羽。曹操正想让关羽和孙权争斗，以收渔翁之利，所以马上将孙权的来信转给曹仁，叫曹仁把孙权的来信射到敌营去，让关羽知道。关羽看到信后犹豫不决，没有马上撤兵。这年闰十月，孙权正式出兵征讨关羽，他先派吕蒙袭击了公安，俘虏了将军傅士仁。吕蒙带兵开到南郡，南郡太守麋芳开城求降。吕蒙又占领了江陵，抚恤当地孤老弱小，并释放了囚禁在那儿的于禁。由陆逊带领的另一路军队，进攻宜都，占领了秭归、枝江、夷道几个县，然后回师屯驻夷陵郡，守住西陵峡口，以防备蜀的援军。关羽返回当阳县，保住了西边的麦城。

孙权派人诱降关羽，关羽假意答应，在麦城城墙上树立了许多假人和旌旗，做出投降状，自己则乘机逃走，他的军队早已解散，只剩十多名骑兵跟随在身边。孙权先派朱然、潘璋截断关羽的退路。这年十二月，潘璋的司马马忠在章乡地方俘获了关羽和他的儿子关平，以及都督赵累，至此，孙权终于平定了荆州。这年荆州疾病流行，孙权免除当地居民的所有租税。曹操上表朝廷，奏请孙权为骠骑将军，并加符节兼任荆州牧，封为南昌侯。孙权派校尉梁寓到汉室进贡，令王惇购置马匹，又遣送之前俘虏的朱光等人回去。

建安二十五年春正月，曹操去世。曹丕接替曹操位置，做了丞相、魏王。改年号为延康。秋天，魏将梅敷派张俭来见孙权，请求孙权接纳他。魏南阳郡中的阴县、酂县、筑阳、山都、中庐五个县大概五千多家百姓请求归附东吴。冬天，魏王曹丕废汉献帝自己称帝，改国号为黄初。

【原文】

二年四月，刘备称帝于蜀。权自公安都鄂，改名武昌，以武昌、下雉、寻阳、阳新、柴桑、沙羡六县为武昌郡。五月，建业言甘露降。

是岁，刘备师军来伐，至巫山、秭归，使使诱导武陵蛮夷，假与印传，许之封赏。于是诸县及五谿民皆反为蜀。权以陆逊为督，督朱然、潘璋等以拒之。遣都尉赵咨使魏。魏帝问曰："吴王何等主也？"咨对曰："聪明仁智，雄略之主也。"帝问其状，咨曰："纳鲁肃于凡品，是其聪也；拔吕蒙于行陈，是其明也；获于禁而不害，是其仁也；取荆州而兵不血刃，是其智也；据三州虎视于天下，是其雄也；屈身于陛下，是其略也。"帝欲封权子登，权以登年幼，上书辞封，重遣西曹掾沈珩陈谢，并献方物。立登为王太子。

黄武元年春正月，陆逊部将军宋谦等攻蜀五屯，皆破之，斩其将。三月，鄱阳言黄龙见。蜀军分据险地，前后五十余营，逊随轻重以兵应拒，自正月至闰月，大破之，临陈所斩及投兵降首数万人。刘备奔走，仅以身免。

初，权外托事魏，而诚心不款。魏欲遣侍中辛毗、尚书桓阶往与盟誓，并征任子，权辞让不受。秋九月，魏乃命曹休、张辽、臧霸出洞口，曹仁出濡须，曹真、夏侯尚、张郃、徐晃围南郡。权遣吕范等督五军，以舟军拒休等，诸葛瑾、潘璋、杨粲救南郡，朱桓以濡须督拒仁。时扬、越蛮夷多未平集，内难未弭，故权卑辞上书，求自改厉，“若罪在难除，必不见置，当奉还土地民人，乞寄命交州，以终余年”。文帝报曰：“君生于扰攘之际，本有从横之志，降身奉国，以享兹祚。自君策名已来，贡献盈路。讨备之功，国朝仰成。埋而掘之，古人之所耻。朕之与君，大义已定，岂乐劳师远临江汉？廊庙之议，王者所不得专；三公上君过失，皆有本末。朕以不明，虽有曾母投杼之疑，犹冀言者不信，以为国福。故先遣使者犒劳，又遣尚书、侍中践修前言，以定任子。君遂设辞，不欲使进，议者怪之。又前都尉浩周劝君遣子，乃实朝臣交谋，以此卜君，君果有辞，外引隗嚣遣子不终，内喻窦融守忠而已。世殊时异，人各有心。浩周之还，口陈指麾，益令议者发明众嫌，终始之本，无所据仗，故遂俯仰从群臣议。今省上事，款诚深至，心用慨然，凄怆动容。即日下诏，敕诸军但深沟高垒，不得妄进。若君必效忠节，以解疑议，登身朝到，夕召兵还。此言之诚，有如大江！”权遂改年，临江拒守。冬十一月，大风。范等兵溺死者数千，余军还江南。曹休使臧霸以轻船五百、敢死万人袭攻徐陵，烧攻城车，杀略数千人。将军全琮、徐盛追斩魏将尹卢。杀获数百。十二月，权使太中大夫郑泉聘刘备于白帝，始复通也。然犹与魏文帝相往来，至后年乃绝。是岁改夷陵为西陵。

【译文】

黄初二年四月，刘备在蜀地称帝。孙权将都城从公安迁到了鄂县，并将之改名为武昌，然后将武昌、下雉、寻阳、阳新、柴桑、沙羡六个县设置为武昌郡。五月，建业来报告，说天降甘露。

这一年，刘备带兵攻打东吴，到达巫山、秭归一带。刘备派使者利诱武陵郡的少数民族部落，授予他们官职，许给他们封赏。于是，好几个县以及五谿一带的百姓都叛变吴而归顺了蜀。孙权任命陆逊为都督，率领朱然、潘璋等人抵抗刘备。孙权又派都尉赵咨出使魏国。曹丕问赵咨："吴王是个什么样的人？"赵咨回答："是一个聪明仁智，有雄才大略的君王。"曹丕问他为何这样说，赵咨回答："从普通人中起用了鲁肃，是他的'聪'；从行伍中提拔了吕蒙，是他的'明'；俘虏了于禁，却不杀他而放掉，是他的'仁'；夺下了荆州却兵不血刃，则是他的'智'；盘踞三州，从而虎视天下，是他的'雄'；屈身向陛下您称臣，则是他的'略'。"曹丕想要加封孙权的长子孙登，孙权以孙登年纪太小回绝，重新派西曹掾沈珩前往魏国致谢，并进献贡品，之后立孙登为吴王太子。

黄武元年春天正月，陆逊军部里的将军宋谦，发兵攻打蜀军五个军营，全部获胜，并斩了对方的将领。三月，鄱阳地区传言有黄龙出现。蜀军开始进攻吴，并用兵分据在各个险要的地点，前后绵延，五十多处军营。陆逊根据轻重缓急，安排顺序出兵应战，从正月到闰六月，大胜蜀军，所斩杀和降服的蜀国将士将近好几万人。刘备仓皇奔逃，捡回一条命。

当初孙权虽然表面上假装臣服于魏国，其实内心里非常不服。魏国方面自然明白孙权心思，便派了侍中辛毗、尚书桓阶来和孙权立约宣誓，并征召孙权的儿子入朝为官，孙权一直推辞，不愿接受。这年秋九月，魏国命令曹休、张辽、臧霸从洞口发兵，曹仁从濡须出动，曹真、夏侯尚、张郃、徐晃则围攻南郡，对吴全面发起进攻。孙权派吕范督导五军，用水师抵抗曹休，命诸葛瑾、潘璋、杨粲营救南郡，让朱桓在濡须与曹仁周旋。此时扬州、百越的少数民族部落还没有完全收复，时有反复，所以孙权用极卑微的措辞上书，请求让自己改正错误，文中说：“如果我的罪过实在难以被赦免，那么我愿把土地和人民交出来，只恳求让我寄命于交州，了却余生。”魏文帝曹丕看了孙权的奏书，答复说：“你生在动荡不安的时代，本来就有纵横天下的野心，如今竟能委屈臣服在魏国之下，得享荣华富贵。自从你接受册封以来，进贡的物品填塞了道路。讨伐刘备时，也是靠你的力量才能成功。然而，出尔反尔的言行，是古人所一直鄙弃的。我和你之间的君臣大义早已确定，怎会愿意劳师动众远伐江汉呢？然而满朝议论，人言纷纷，实在是我所不能左右的，三公上奏陈说你的过失，原委分明。我不似古人那般贤明，自然有听信闲言的时候。但是，我内心依然希望传闻不是事实，因为这才是国家的福气啊！所以，我先派使者去犒劳你，又命尚书、侍中前往你处，敦促你践行诺言，并荐举你的儿子为官。没想到你都找借口推托了，而且还不欢迎我的使者前往，这些做法不得不让我怀疑。还有，先前尉浩周劝你把儿子送过来，以示彼此友好。这其实也是朝中大臣们想出来试探你诚意的做法，没想到你果然辞谢不受，还援引隗嚣派儿子做人质，却依然反叛，窦融虽然没派人质依然忠心的例子。然而时代不同，人心也各有不同。浩周从你那儿回来之后，口口声声说你一定臣服，结果却完全相反，这更让满朝大臣加重对你的怀疑，你的所作所为没有显现出半点诚意，所以我不得不听从大臣们的劝告，对你用兵。现在我读了你这封信，觉得你颇有诚意，也让我非常感动。我今天就下诏，命令各路军马，只可深沟高垒据守营地，不得轻举妄动、擅操干戈。如果你真愿意效忠本朝，解除我们对你的猜疑和不信任，那就尽快送你儿子孙登过来做官，我保证，他早上到，我下午就召回大军。我这话的诚意，有如大江流水！”孙权不愿接受这项条件，于是更改了年号，隔江与魏军对峙。这年冬十一月，刮起了猛烈的大风，吕范等人的兵士有几千人掉江溺死，其余军队退回江南驻守。曹休命臧霸用五百艘轻舟和一万人的敢死队袭击徐陵，烧毁了吴军攻城的战车，斩杀掳掠数千人。吴国的将军全琮、徐盛追击并斩杀了魏将尹卢，也杀获了几百人。十二月，孙权派太中大夫郑泉到白帝城去拜访刘备，从此，吴蜀讲和，重新修好。然而孙权依然和魏文帝互相往来，一年后，才正式断绝。这年，吴改夷陵为西陵。

【原文】

二年三月，曹仁遣将军常彫等，以兵五千，乘油船，晨渡濡须中州。仁子泰因引军急攻朱桓，桓兵拒之，遣将军严圭等击破彫等。是月，魏军皆退。夏四月，权群臣劝即尊号，权不许。刘备薨于白帝。五月，曲阿言甘露降。先是戏口守将晋宗杀将王直，以众叛如魏，魏以为蕲春太守，数犯边境。六月，权令将军贺齐督麋芳、刘邵等袭蕲春，邵等生虏宗。冬十一月，蜀使中郎将邓芝来聘。

五年秋七月，权闻魏文帝崩，征江夏，围石阳，不克而还。

黄龙元年春，公卿百司皆劝权正尊号。夏四月，夏口、武昌并言黄龙、凤凰见。丙申，南郊即皇帝位。是日大赦，改年。追尊父破虏将军坚为武烈皇帝，母吴氏为武烈皇后，兄讨逆将军策为长沙桓王。吴王太子登为皇太子。将吏皆进爵加赏。

二年春正月，魏作合肥新城。诏立都讲祭酒，以教学诸子。遣将军卫温、诸葛直将甲士万人浮海求夷洲及亶洲。亶洲在海中，长老传言秦始皇帝遣方士徐福将童男童女数千人入海，求蓬莱神山及仙药，止此洲不还。世相承有数万家，其上人民，时有至会稽货布，会稽东县人海行，亦有遭风流移至亶洲者。所在绝远，卒不可得至，但得夷洲数千人还。

三年春二月，遣太常潘濬率众五万讨武陵蛮夷。卫温、诸葛直皆以违诏无功，下狱诛。夏，有野蚕成茧，大如卵。由拳野稻自生，改为禾兴县。中郎将孙布诈降以诱魏将王凌，凌以军迎布。冬十月，权以大兵潜伏于阜陵俟之，凌觉而走。

【译文】

黄武二年三月，曹仁派遣将军常彫等人领兵五千，坐着涂有油脂的快船，清晨时渡江偷袭了濡须附近的沙洲。曹仁的儿子曹泰领兵猛攻朱桓，朱桓奋起抵抗，又派严圭等人击败了常彫的军队。当月，魏军全部撤退。四月，孙权手下众臣劝他称帝，孙权没有同意。刘备在白帝城去世。五月，曲阿报告说天降甘露。这之前，戏口县的守将晋宗杀了将领王直，带领军队叛变去了魏国，魏国方面封他为蕲春郡太守，晋宗屡次带兵骚扰吴国边境。六月，孙权命令将军贺齐率领麋芳、刘邵等人袭击蕲春，活捉晋宗。十一月，蜀国派遣中郎将邓芝拜访东吴。

黄武五年秋七月，魏文帝曹丕去世。孙权听到消息后，出兵进攻江夏，包围了石阳，结果没能攻下城池，无功而返。

黄龙元年春，东吴公卿百官再次劝谏孙权称帝。四月，夏口、武昌报告说出现了黄龙、凤凰。当月十三日，孙权在南郊即位称帝，这一天天下大赦，改换年号。孙权追尊父亲孙坚为武烈皇帝，母亲吴氏为武烈皇后，兄长孙策为长沙桓王。立太子孙登为皇太子。其余文武百官都加官晋爵，给予丰厚赏赐。

黄龙二年春正月，魏国修筑合肥新城。孙权下诏设立都讲祭酒，辅导他的几个儿子读书。孙权派将军卫温、诸葛直，带领上万甲士，渡海去找寻夷洲和亶洲。亶洲在大海之中，老一辈的长者们传言，秦始皇时曾派遣方士徐福，带着几千名童男童女入海，寻觅蓬莱神山和不死的仙药，他们到达亶洲后就在那里住了下来，累代相传，至今已有好几万户人家了。这里的居民有时会到会稽郡来买卖货物。会稽郡东部诸县的人们出海航行时也有被海风吹走，飘到亶洲的。因为这个地方实在遥远，卫温、诸葛直最终没能找到，只带了几千个夷洲人回来。

黄龙三年春二月，孙权派太常潘濬带领五万人马讨伐武陵郡的少数民族。卫温和诸葛直因为违背命令，没有功绩而被抓进狱中处死。夏天，有人发现有蚕做茧，像鸡蛋那么大。由拳县的地里有野生稻苗自己从土里长出来，于是将由拳县改名为禾兴县。中郎将孙布向魏将王凌假投降。王凌相信了，出城迎接孙布。十月，孙权派大批军队埋伏在阜陵地区等候王凌，结果被发现，王凌逃走。

【原文】

二年春正月，立故太子和为南阳王，居长沙；子奋为齐王，居武昌；子休为琅邪王，居虎林。二月，大赦，改元为神凤。皇后潘氏薨。诸将吏数诣王表请福，表亡去。夏四月，权薨，时年七十一，谥曰大皇帝。秋七月，葬蒋陵。

【译文】

太元二年春正月，孙权立原来的太子孙和为南阳王，让他居住在长沙；立儿子孙奋为齐王，居住在武昌；立儿子孙休为琅邪王，居住在虎林。二月，孙权大赦天下，改年号为神凤。皇后潘氏去世。东吴众将士经常去王表那里求福，王表逃走。四月，孙权去世，时年七十一岁，追谥为大皇帝。七月，孙权下葬，安葬在蒋陵。

周瑜传

【原文】

周瑜字公瑾，庐江舒人也。从祖父景，景子忠，皆为汉太尉。父异，洛阳令。

瑜长壮有姿貌。初，孙坚兴义兵讨董卓，徙家于舒。坚子策与瑜同年，独相友善，瑜推道南大宅以舍策，升堂拜母，有无通共。瑜从父尚为丹杨太守，瑜往省之。会策将东渡，到历阳，驰书报瑜，瑜将兵迎策。策大喜曰："吾得卿，谐也。"遂从攻横江、当利，皆拔之。乃渡江击秣陵，破笮融、薛礼，转下湖孰、江乘，进入曲阿，刘繇奔走，而策之众已数万矣。因谓瑜曰："吾以此众取吴会平山越已足。卿还镇丹杨。"瑜还。顷之，袁术遣从弟胤代尚为太守，而瑜与尚俱还寿春。术欲以瑜为将，瑜观术终无所成，故求为居巢长，欲假涂东归，术听之。遂自居巢还吴。是岁，建安三年也。策亲自迎瑜，授建威中郎将，即与兵二千人，骑五十匹。瑜时年二十四，吴中皆呼为周郎。以瑜恩信著于庐江，出备牛渚，后领春谷长。顷之，策欲取荆州，以瑜为中护军，领导江夏太守，从攻皖，拔之。时得桥公两女，皆国色也。策自纳大桥，瑜纳小桥。复近寻阳，破刘勋，讨江夏，还定豫章、庐陵，留镇巴丘。

五年，策薨，权统事。瑜将兵赴丧，遂留吴，以中护军与长史张昭共掌众事。十一年，督孙瑜等讨麻、保二屯，枭其渠帅，囚俘万余口，还备宫亭。江夏太守黄祖遣将邓龙将兵数千人入柴桑，瑜追讨击，生虏龙送吴。十三年春，权讨江夏，瑜为前部大督。

其年九月，曹公入荆州，刘琮举众降，曹公得其水军，船步兵数十万，将士闻之皆恐。权延见群下，问以计策。议者咸曰："曹公豺虎也，然托名汉相，挟天子以征四方，动以朝廷为辞，今日拒之，事更不顺。且将军大势，可以拒操者，长江也。今操得荆州，奄有其地，刘表治水军，蒙冲斗舰，乃以千数，操悉浮以沿江，兼有步兵，水陆俱下，此为长江之险，已与我共之矣。而势力众寡，又不可论。愚谓大计不如迎之。"瑜曰："不然。操虽托名汉相，其实汉贼也。将军以神武雄才，兼仗父兄之烈，割据江东，地方数千里，兵精足用，英雄乐业，尚当横行天下，为汉家除残去秽。况操自送死，而可迎之邪？请为将军筹之：今使北土已安，操无内忧，能旷日持久，来争疆埸，又能与我校胜负于船楫间乎？今北土既未平安，加马超、韩遂尚在关西，为操后患。且舍鞍马，仗舟揖，与吴越争衡，本非中国所长。又今盛寒，马无藁草，驱中国士众远涉江湖之间，不习水土，必生疾病。此数四者，用兵之患也，而操皆冒行之。将军禽操，宜在今日。瑜请得精兵三万人，进住夏口，保为将军破之。"权曰："老贼欲废汉自立久矣，徒忌二袁、吕布、刘表与孤耳。今数雄已灭，惟孤尚存，孤与老贼，势不两立。君言当击，甚与孤合，此天以君授孤也。"

【译文】

周瑜，字公谨，庐江郡舒县人。他的堂祖父周景，周景的儿子周忠，都是汉朝太尉。周瑜的父亲周异是洛阳县长。

周瑜身材壮大，容貌俊美。当初，孙坚发义兵讨伐董卓，家搬到了舒城。孙坚的儿子孙策和周瑜同岁，两人交情很好，周瑜把路南的大宅子送给孙策居住，还进内宅拜见孙策的母亲，两家在金钱等方面都是共通有无，不分彼此的。周瑜的堂伯父是丹杨郡太守，周瑜去给他请安。正好孙策要南下，到历阳县后，写快信告诉周瑜，周瑜便派兵去迎接孙策。孙策大喜，说："我有你的帮助，事情就成功了。"于是，一齐进攻横江、当利二县，全都攻下了。于是，又过江攻打秣陵县，打败了笮融、薛礼，接着又攻下湖孰县、江乘县，进了曲阿县，打跑了刘繇。这时，孙策部下已有几万人，就跟周瑜说："以我这些人马攻取吴、会稽，平定山越已足够了，你回去镇守丹杨吧。"周瑜就回到了丹杨郡。不久，袁术派他的堂弟袁胤代替袁尚做太守，周瑜和袁尚都回了寿春。袁术想要周瑜在他手下做将军，周瑜觉得袁术是一个成不了大事的人，便没答应，而是请求做居巢县县长，以便乘机东归。袁术答应了，周瑜就乘机回了吴郡。这一年，是建安三年。孙策亲自迎接周瑜，并让他做了建威中郎将，给他两千名步兵，五十名骑兵，那年，周瑜二十四岁，吴郡人都叫他周郎。因为周瑜在庐江郡名声很好，孙策就让他防卫牛渚，后来又让他兼任春穀县县令。没多久，孙策想攻取荆州，让周瑜做中护军，兼任江夏太守，周瑜跟随孙策攻打皖县，大获全胜。这时，得到了桥公两位女儿，都是容貌超群的美女，孙策娶了大桥，周瑜则娶了小桥。然后，进兵寻阳县，打败刘勋，又讨伐江夏郡，回来时又平定了豫章、庐陵二郡，周瑜留下镇守巴丘。

建安五年，孙策去世，孙权继承大业统领吴军。周瑜带领部队参加了孙策丧事后，就留在了吴郡，以中护军的名义和长史张昭共同辅佐孙权，管理大小一切事务。建安十一年，周瑜率领孙瑜等人讨伐麻、保二屯，斩了敌兵首领，俘虏一万多人，之后回兵防守宫亭。江夏太守黄祖派手下将军邓龙带几千兵士占据了柴桑县，周瑜讨伐他，大获全胜，并活捉了邓龙送到吴郡。建安十三年春天，孙权讨伐江夏，周瑜被委任为前部大都督。

这年九月，曹操进兵荆州，刘琮率部下投降，于是，曹操尽得荆州水军、步兵共几十万人之多，孙权方的将士听到这个消息都害怕了。孙权召集部下商议对策，参加会议的人都说："曹操凶猛如豺虎，他凭借着汉朝丞相的名义，挟制天子，然后以天子的名义征伐四方，动不动就拿朝廷压制别人，我们如果反对他，将会陷入被动。况且我方可以阻挡曹操的，不过是一条长江，现在曹操已得到荆州，占据了大片土地，刘表所训练的水军战船等都归了曹操，且被曹操布置在沿江，这就意味着，长江天险已经是曹操跟我们共有了。而且双方实力上的差距更不必说，所以我们觉得还是请降的好。"周瑜却说："不对，曹操虽然名义上是汉朝丞相，其实是汉朝的贼子，将军凭借神武雄才，仗着父兄打下的基业，割据江东，有方圆几千里的土地，兵精粮足，手下英雄齐心协力，都愿意为将军效命，此时正应该横扫天下，为汉家除去这恶人，而且曹操自己来送死，我们怎能反倒向他投降呢？请我为将军分析一下当前形势，假设北部已经平定，曹操没有内忧，那么是否就能耗时费力跟我们争疆土，与我们斗水军呢？何况如今北方并不平安，加上西边马超、韩遂在潼关，随时会成为曹操的麻烦。再说，放下鞍马，驾驶船只，跟吴越人在水上争锋，本就不是中原人所擅长的，再加上如今是冬天，天寒地冻，马又没有草吃。曹操此时带着中原士兵远远来到江湖之间，必然水土不服，导致士兵生病，以上几点，都是用兵的大忌，然而曹操竟然都占了。所以将军捉拿曹操，就在此刻。我周瑜请求带领精兵三万人，进驻夏口，保证为将军打败曹操。”孙权说：“曹操这老贼要篡权已经很久了，只是害怕袁绍、袁术、吕布、刘表和我而已。现在其他几位英雄都不在了，只剩下我，我和老贼势不两立。你说应该攻击他，很合我的意思，这真是上天把你送给我的啊。”

【原文】

时刘备为曹公所破，欲引南渡江，与鲁肃遇于当阳，遂共图计，因进住夏口，遣诸葛亮诣权。权遂遣瑜及程普等与备并力逆曹公，遇于赤壁。时曹公军众已有疾病，初一交战，公军败退，引次江北。瑜等在南岸。瑜部将黄盖曰：“今寇众我寡，难与持久。然观操军船舰首尾相接，可烧而走也。”乃取蒙冲斗舰数十艘，实以薪草，膏油灌其中，裹以帷幕，上建牙旗，先书报曹公，欺以欲降。又豫备走舸，各系大船后，因引次俱前。曹公军吏士皆延颈观望，指言盖降。盖放诸船，同时发火。时风盛猛，悉延烧岸上营落。顷之，烟炎张天，人马烧溺死者甚众，军遂败退，还保南郡。备与瑜等复共追。曹公留曹仁等守江陵城，径自北归。

瑜与程普又进南郡，与仁相对，各隔大江。兵未交锋，瑜即遣甘宁前据夷陵。仁分兵骑别攻围宁。宁告急于瑜。瑜用吕蒙计，留凌统以守其后，身与蒙上救宁。宁围既解，乃渡屯北岸，克期大战。瑜亲跨马擽陈，会流矢中右胁，疮甚，便还。后仁闻瑜卧未起，勒兵就陈。瑜乃自兴，案行军营，激扬吏士，仁由是遂退。

权拜瑜偏将军，领南郡太守。以下隽、汉昌、刘阳、州陵为奉邑，屯据江陵。刘备以左将军领荆州牧，治公安。备诣京见权，瑜上疏曰："刘备以枭雄之姿，而有关羽、张飞熊虎之将，必非久屈为人用者。愚谓大计宜徙备置吴，盛为筑宫室，多其美女玩好，以娱其耳目，分此二人，各置一方，使如瑜者得挟与攻战，大事可定也。今猥割土地以资业之，聚此三人，俱在疆埸，恐蛟龙得云雨，终非池中物也。"权以曹公在北方，当广揽英雄，又恐备难卒制，故不纳。

是时刘璋为益州牧。外有张鲁寇侵，瑜乃诣京见权曰："今曹操新折衄，方忧在腹心，未能与将军连兵相事也。乞与奋威俱进取蜀，得蜀而并张鲁，因留奋威固守其地，好与马超结援。瑜还与将军据襄阳以蹙操，北方可图也。"权许之。瑜还江陵，为行装，而道于巴丘病卒，时年三十六。权素服举哀，感动左右。丧当还吴，又迎之芜湖，众事费度，一为供给。后著令曰："故将军周瑜、程普，其有人客，皆不得问。"初瑜见友于策，太妃又使权以兄奉之。是时权位为将军，诸将宾客为礼尚简，而瑜独先尽敬，便执臣节。性度恢廓，大率为得人，惟与程普不睦。

瑜少精意于音乐，虽三爵之后，其有阙误，瑜必知之，知之必顾，故时人谣曰："曲有误，周郎顾。"

【译文】

那时，刘备被曹操打败，要带部下过长江南来，和鲁肃在当阳县相遇，便一同商议办法，刘备到夏口，派诸葛亮来见孙权。孙权让周瑜、程普等人带兵跟刘备合作抵抗曹操，两方相持于赤壁，当时曹操部队已经很多人感染了瘟疫，战斗一开始，曹军就败了下来，无奈退到江北，周瑜等人则驻扎在南岸，周瑜部下的一位将军黄盖对周瑜说：“如今敌人兵多而我方兵少，很难跟他们打持久战，我发现曹军的战舰都是首尾相连接的，我觉得可以用火烧的方法打败他们。”于是准备了战舰几十只，上面装满了柴草，里面灌上油，然后在外面裹上帷幕，上边插上旗帜，而且黄盖事先给曹操去信，说要投降。出发时，又准备了快艇，系在大船后面，排列整齐，向曹军驶去。当天，曹营中兵将一个个伸长了脖子观望，等着黄盖来投降，黄盖驾驶的战船，按照预定时间点着了火，冲向曹操的舰队。当时风势很猛，大火一直燃烧到岸上，连曹操方的军营也跟着起火了。不一会儿，漫天遍野都是烟火，曹军人马烧死、淹死的非常多。曹操只好掉头向后逃跑，最后逃去了南郡。刘备、周瑜的联合部队则在曹操背后追赶，曹操只留下曹仁等人守江陵城，自己带着剩余的部队回北方了。

周瑜和程普又带兵向南郡挺进，去攻打曹仁，结果两军只是相隔着长江对峙，并没有作战。周瑜派甘宁带兵开进夷陵县，曹仁派兵包围了甘宁，甘宁向周瑜求救，周瑜采用吕蒙的计策，让凌统驻守后方，自己则跟吕蒙带兵去救甘宁，解了甘宁的危险。之后，周瑜带兵渡过长江，向北岸进军，准备与曹仁展开大战。周瑜骑着马亲自上阵督军，结果被敌人的箭射中右肋，伤势很重，只好退下阵来。很快，曹仁便得知周瑜受伤严重，卧床不起，便想利用机会带兵攻打吴方军队，周瑜不得已只好强起身，装作无事模样巡视兵营，曹仁探听了这个消息，以为周瑜已经痊愈，便退了兵。

赤壁之战之后，孙权任命周瑜为偏将军，兼南郡太守，将下隽、汉昌、刘阳、州陵几个县作为他的封邑，周瑜本人则驻扎在江陵。刘备以左将军头衔担任荆州牧，设公安为州府。刘备到吴国京都会见孙权，周瑜听说后，上书给孙权说：“刘备是一代枭雄，又有关羽、张飞等熊虎般的大将相助，决然不肯长久屈于人下的。我觉得应该让刘备搬到吴国来住，然后给他建筑漂亮的宫室，再给他诸多美女和财宝玩物，满足他耳目上的嗜好，再把关羽、张飞二人分开，让他们各守一地，互不相见，然后派遣我这样的人，对他们加以监督和控制，这样，大局才能安定。如果现在割给刘备土地，让他有了本钱，又让他们兄弟三人聚在一块儿，恐怕他会像蛟龙得到云雨一般，终究不会长久待在小池塘中。”孙权却认为曹操正盘踞在北方，因此应该广泛收纳英雄，不宜残害同盟，而且刘备未必能控制住，所以没有采纳周瑜的建议。

那时，刘璋是益州牧，背面受到张鲁的侵扰，周瑜为此上东吴都城见孙权，说：“如今，曹操刚刚受了打击，内部又不安定，肯定不敢跟将军开战。请您允许我和奋威将军（即孙瑜）一同进攻蜀郡，我们得到蜀郡后再向北吞并张鲁，之后让奋威将军看守那里，再跟马超联盟。我回来之后和将军进兵襄阳，得手后，我们就可以压制曹操，也便有能力打北方的主意了。”孙权同意了周瑜的计策。周瑜便回江陵预备行装，遗憾的是，周瑜走到巴丘时，得了重病，去世了，时年三十六岁。孙权为周瑜穿孝服追悼，其悲痛的心情连孙权左右陪侍的人都感动了。灵柩运到吴国时，孙权又远行到芜湖迎接，一切治丧的费用完全由官方承当。孙权又下令说：“已故的周瑜、程普将军家中的佣人和宾客，以后不得再予追查。”当初，孙策和周瑜还没君臣名分，只是好朋友时，太妃，即孙策的母亲就让孙权以对待兄长的礼节对待周瑜。那时，孙权的爵位只是一个将军，其他将领见到孙权只施行简单的礼节，但是周瑜总是先向孙权敬礼，按臣下的规矩。周瑜性情宽厚，许多人都喜欢他，只是跟程普有些不和。

周瑜年轻时，对于音乐颇有研究，即使酒过三巡，只要音乐演奏上有错误，他依然能够发觉，听出错误后，他就会回头看看演奏的人，所以当时有句歌谣是这样的："曲有误，周郎顾。"

鲁肃传

【原文】

鲁肃字子敬，临淮东城人也。生而失父，与祖母居。家富于财，性好施与。尔时天下已乱，肃不治家事，大散财货，摽卖田地，以赈穷弊结士为务，甚得乡邑欢心。

周瑜为居巢长，将数百人故过候肃，并求资粮。肃家有两囷米，各三千斛，肃乃指一囷与周瑜，瑜益知其奇也，遂相亲结，定侨、札之分。袁术闻其名，就署东城长。肃见术无纲纪，不足与立事，乃携老弱将轻侠少年百余人，南到居巢就瑜。瑜之东渡，因与同行，留家曲阿。会祖母亡，还葬东城。

刘子扬与肃友善，遗肃书曰："方今天下豪杰并起，吾子姿才，尤宜今日。急还迎老母，无事滞于东城。近郑宝者，今在巢湖，拥众万余，处地肥饶，庐江间人多依就之，况吾徒乎？观其形势，又可博集，时不可失，足下速之。"肃答然其计。葬毕还曲阿，欲北行。会瑜已徙肃母到吴，肃具以状语瑜。时孙策已薨，权尚住吴，瑜谓肃曰："昔马援答光武云'当今之世，非但君择臣，臣亦择君'。今主人亲贤贵士，纳奇录异，且吾闻先哲秘论，承运代刘氏者，必兴于东南，推步事势，当其历数，终构帝基，以协天符，是烈士攀龙附凤驰骛之秋。吾方达此，足下不须以子扬之言介意也。"肃从其言。瑜因荐肃才宜佐时，当广求其比，以成功业，不可令去也。

权即见肃，与语甚悦之。众宾罢退，肃亦辞出，乃独引肃还，合榻对饮。因密议曰："今汉室倾危，四方云扰，孤承父兄余业，思有桓文之功。君既惠顾，何以佐之？"肃对曰："昔高帝区区欲尊事义帝而不获者，以项羽为害也。今之曹操，犹昔项羽，将军何由得为桓文乎？肃窃料之，汉室不可复兴，曹操不可卒除。为将军计，惟有鼎足江东，以观天下之衅。规模如此，亦自无嫌。何者？北方诚多务也。因其多务，剿除黄祖，进伐刘表，竟长江所极，据而有之，然后建号帝王以图天下，此高帝之业也。"权曰："今尽力一方，冀以辅汉耳，此言非所及也。"张昭非肃谦下不足，颇訾毁之，云肃年少粗疏，未可用。权不以介意，益贵重之，赐肃母衣服帏帐，居处杂物，富拟其旧。

【译文】

鲁肃，字子敬，临淮郡东城县人，刚出生父亲就去世了，跟祖母在一起生活。鲁肃家中非常有钱，而他则天性好施舍。那时天下已经大乱，鲁肃不经营家业，而是常把财货施舍给别人，以至于后来卖了许多田地，来结交贫穷和一些有才能的人，所以得到了家乡人的赞美。

周瑜任居巢县县长时，曾带领几百人有意去拜访鲁肃，并且请求鲁肃帮助提供粮食。当时，鲁肃家里有两仓米，每仓为三千斛，鲁肃竟然指着其中一仓说，这个送给你了。周瑜于是知道了鲁肃的为人，跟他来往更亲密了，就像是公孙侨和季札的关系一般。袁术听说鲁肃的美名后，任命他做东城县县长，鲁肃觉得袁术做事没有条理，难成大事，就率领老弱和青年侠义一百多人，南去居巢见周瑜了。周瑜后来渡过长江南去，鲁肃也跟着去了，将家属安顿在了曲阿县。后来，因为祖

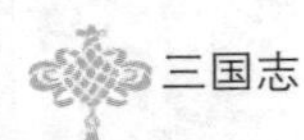

母去世，鲁肃回到了东城县，安葬了祖母。

鲁肃的好友刘子扬给鲁肃去信说：“当今天下的豪杰都起事了，这正是你显示才干的时候。你应该赶紧回家把老母亲接过来，不可以长久停留在东城那个小地方。近来有一个叫郑宝的，现在在巢湖，手下有一万多人马，他那里土地肥沃，庐江郡的许多人都归附于他，何况我们这样的人呢？看情形，我们可以在那边聚揽更多的人，这是一个壮大自己的好机会，可不要错过啊！我希望你早做决定。”鲁肃接受了刘子扬的意见，安葬完祖母后便回到曲阿，要接家属往北去，然而，此时周瑜已经把鲁肃的母亲接到吴郡去了。鲁肃去见周瑜，并把刘子扬的话告诉周瑜。那时候孙策已经去世，孙权还在吴郡，周瑜跟鲁肃说：“从前马援回答汉光武帝时说‘如今，不但君王在选择臣子，臣子也在挑选君王’。现在此地的主人亲近贤才，正在收罗奇士，而且我听以前的贤者们说，能够获得天命代替刘家的，一定在东南方向出现，结合当前的时局，正应在此地主人身上，他定可建立帝业，从而服膺天命，这正是有志者应该跟随他一起去努力的时候。我也是因此才来到这里的，我觉得你也不必将刘子扬的话太放在心上了。”鲁肃听从了周瑜的劝告。周瑜像孙权推荐说鲁肃的才能，正符合这个时代，他是可以帮助建立功业的，不可以让他离去。

于是孙权接见了鲁肃，并和他谈得非常开心。宾客们离席而去的时候，鲁肃也提出告辞，但孙权又把鲁肃请了回来，把坐榻合在一起喝酒，同时秘密商谈。孙权说：“目前汉家天下要倾倒了，时局动荡，天下不稳，我继承父兄创下的事业，想要像齐桓公、晋文公那样重振朝廷的威信。你既然来到我这里，就帮我想想计策吧。”鲁肃回答说：“从前汉高祖一心想要尊奉楚义帝而无法成功，是因为项羽的阻拦，而今天的曹操，就像当年的项羽，将军您怎么可能像齐桓公、晋文公那样成功拥戴朝廷呢？我个人以为，汉家朝廷已经不可能复兴了，曹操也难以立刻除掉。对将军来说，只有据有江东，然后观察天下的变化，相机行事。目前的形势就是这样，我们也不必担心自己的力量还不够。为什么这么说呢？如今北方的形势太复杂了想要安定需要一定的时间。这正是我们悄悄发展的机会，我们该先去消灭黄祖，然后进攻刘表，把整个长江控制住，之后建立帝国去图谋天下，这是汉高祖一样的功绩啊。”孙权说：“如今我努力控制这一方地盘，为的是辅助汉朝，你所说的我从未想过。”张昭觉得鲁肃不够谦虚，因此在孙权面前说了他不少坏话，他说鲁肃太年轻，又粗心大意，不可以重用。孙权不但不听，反倒更器重鲁肃，赏给鲁肃的母亲衣服和生活用品，让他们和在老家时一样富裕。

【原文】

刘表死，肃进说曰：“夫荆楚与国邻接，水流顺北，外带江汉，内阻山陵，有金城之固，沃野万里，士民殷富，若据而有之，此帝王之资也。今表新亡，二子素不辑睦，军中诸将，各有彼此。加刘备天下枭雄，与操有隙，寄寓于表，表恶其能而不能用也。若备与彼协心，上下齐同，则宜抚安，与结盟好；如有离违，宜别图之，以济大事。肃请得奉命吊表二子，并慰劳其军中用事者，及说备使抚表众，同心一意，共治曹操，备必喜而从命。如其克谐，天下可定也。今不速往，恐为操所先。”权即遣肃行。

到夏口，闻曹公已向荆州，晨夜兼道。比至南郡，而表子琮已降曹公，备惶遽奔走，欲南渡江。肃径迎之，到当阳长阪，与备会，宣腾权旨，及陈江东强固，劝备与权并力。备甚欢悦。时诸葛亮与备相随，肃谓亮曰“我子瑜友也”，即共定交。备遂到夏口，遣亮使权，肃亦反命。

会权得曹公欲东之问，与诸将议，皆劝权迎之，而肃独不言。权起更衣，肃追于宇下，权知其意，执肃手曰：“卿欲何言？”肃对曰：“向察众人之议，专欲误将军，不足与图大事。今肃可迎操耳，如将军，不可也。何以言之？今肃迎操，操当以肃还付乡党。品其名位，犹不失下曹从事，乘犊车，从吏卒，交游士林，累官故不失州郡也。将军迎操，欲安所归？愿早定大计，莫用众人之议也。”权叹息曰：“此诸人持议，甚失孤望；今卿廓开大计，正与孤同，此天以卿赐我也。”

时周瑜受使至鄱阳，肃劝追召瑜还。遂任瑜以行事，以肃为赞军校尉，助画方略。曹公破走，肃即先还，权大请诸将迎肃。肃将入阁拜，权起礼之，因谓曰：“子敬，孤持鞍下马相迎，足以显卿未？”肃趋近曰：“未也。”众人闻之，无不愕然。就坐，徐举鞭言曰：“愿至尊威德加乎四海，总括九州，克成帝业，更以安车软轮征肃，始当显耳。”权抚掌欢笑。

【译文】

刘表去世后，鲁肃对孙权说：“荆州和我方接壤，水流向北，外面有长江汉水相绕，里面有险要的山脉做屏障，铁打般坚固，而且，荆州地方土地肥沃，民生富足，若是占有了荆州，便具备了争夺帝王的资产。如今刘表刚去世，他的两个儿子一向不和，荆州的各个将领，也不同心。刘备是天下闻名的枭雄，因和曹操不和，在刘表那里安身，可刘表怕他太过能干，所以不敢加以重用。如果刘备跟荆州方面精诚合作，上下一心，我们就该安抚他们，跟他们结盟，如果他们彼此不和，我们就该另打主意，想办法成就我们的大事。我请求去荆州吊唁，慰问刘表的两个儿子，同时接触他们军中的负责人，再说服刘备叫他也帮忙安抚刘表的部下，大家同心一意，对付曹操，刘备肯定会答应我们，若这计划成功，天下就能平定了。这件事宜早不宜迟，若不快去，恐怕被曹操抢了先。”孙权便派鲁肃去了。

鲁肃一到夏口，就听说曹兵已向荆州进发了，而且速度极快，昼夜不停，鲁肃到南郡时，刘表的儿子刘琮已经投降曹操，而刘备向南逃走了。鲁肃打听了刘备逃离的方向，去迎刘备，到当阳县长阪时，见到了刘备。鲁肃说了孙权方面的意见，同时表明江东势力强盛，有跟曹操决一死战的能力，然后劝刘备跟孙权合作，刘备很愿意。当时，诸葛亮就在刘备身边，鲁肃对诸葛亮说“我是你哥哥诸葛瑾的朋友”，于是鲁肃和诸葛亮结交了。刘备到夏口后，派诸葛亮去见孙权，鲁肃也回东吴报告出使情形。

正好这时孙权也得到了曹操要向东方进兵的消息，就召集部下商议对策，大家都劝孙权向曹操投降，只有鲁肃一言不发。孙权起身去换衣裳，鲁肃追到廊子下，孙权知道他的意思，拉着他的手说：“你想说什么？”鲁肃说：“刚才听了大家的意见，都是些误事的主张，不能跟他们继续讨论了。像我鲁肃这样的，是可以投降曹操的，但将军就不行了。为什么呢？我投降他，他最多让我回老家去，然后讨论我的名位，最后怎么也可以做个下曹从事等，出门坐着牛车，后面跟几个随从，平时与士人来往，到最后说不准能做到州郡的长官。但是将军投降了曹操，要到哪里去呢？所以，请早定大计，不要听这些人胡说。”孙权叹息道：“这些人的议论，很让我失望，现在你阐明了大计，正和我的意见相同，这是上天把你赐予我的啊！”

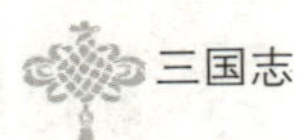

这时周瑜已经被派到鄱阳，鲁肃劝孙权派人把周瑜召回来。最后孙权让周瑜负责指挥战事，鲁肃做赞军校尉，辅助帮忙。最后大获全胜，得胜后，鲁肃最先返回，孙权召集手下将领们同去迎接。鲁肃正要进门行礼，孙权先起身施礼，跟鲁肃说："子敬，我为你扶鞍，请你下马，这样的做法使你足够荣耀了吧？"鲁肃小跑上前说："还不够。"大家听了，都很吃惊，等到入了座，鲁肃才慢慢举起鞭子说："我希望的是，您的威望与美德可以施加四海，之后一统天下，完成帝业，然后再用安有软轮的车子来接我，那才是我真正的荣耀啊。"孙权听了，鼓掌大笑。

【原文】

后备诣京见权，求都督荆州，惟肃劝权借之，共拒曹公。曹公闻权以土地业备，方作书，落笔于地。

周瑜病困，上疏曰："当今天下，方有事役，是瑜乃心夙夜所忧，愿至尊先虑未然，然后康乐。今既与曹操为敌，刘备近在公安，边境密迩，百姓未附，宜得良将以镇抚之。鲁肃智略足任，乞以代瑜。瑜陨踣之日，所怀尽矣。"即拜肃奋武校尉，代瑜领兵。瑜士众四千余人。奉邑四县，皆属焉。令程普领南郡太守。肃初住江陵，后下屯陆口，威恩大行，众增万余人，拜汉昌太守、偏将军。十九年，从权破皖城，转横江将军。

先是，益州牧刘璋纲维颓弛，周瑜、甘宁并劝权取蜀，权以咨备，备内欲自规，乃伪报曰："备与璋托为宗室，冀凭英灵，以匡汉朝。今璋得罪左右，备独竦惧，非所敢闻，愿加宽贷。若不获请，备当放发归于山林。"后备西图璋，留关羽守，权曰："猾虏乃敢挟诈！"及羽与肃邻界，数生狐疑，疆埸纷错，肃常以欢好抚之。备既定益州，权求长沙、零、桂，备不承旨，权遣吕蒙率众进取。备闻，自还公安，遣羽争三郡。肃住益阳，与羽相拒。肃邀羽相见，各驻兵马百步上，但诸将军单刀俱会。肃因责数羽曰："国家区区本以土地借卿家者，卿家军败远来，无以为资故也。今已得益州，既无奉还之意，但求三郡，又不从命。"语未究竟，坐有一人曰："夫土地者，惟德所在耳，何常之有！"肃厉声呵之，辞色甚切。羽操刀起谓曰："此自国家事，是人何知！"目使之去。备遂割湘水为界，于是罢军。

肃年四十六，建安二十二年卒。权为举哀，又临其葬。诸葛亮亦为发哀。权称尊号，临坛，顾谓公卿曰："昔鲁子敬尝道此，可谓明于事势矣。"

【译文】

后来，刘备到京都见孙权，请求都统荆州，只有鲁肃劝孙权答应刘备的请求，好一起抵抗曹操。曹操正在写信，听说孙权把荆州给了刘备，大惊，连笔都掉在了地上。

周瑜病重，上疏给孙权说："当今的天下，战事正多，这是我日夜都感到忧虑的事情。希望您能对未来可能发生的事情都有所思考，然后再去享乐。如今，我们已与曹操为敌，刘备驻扎在离我们很近的公安，那里的百姓还未归附我们，所以应该选一位好将领去镇守。鲁肃的智谋韬略，是可以担当这个任务的，请让他接替我的职位。这样，一旦有一天我离去了，也便没有什么牵挂了。"孙权便任命鲁肃为奋武校尉，接替周瑜统领军队。周瑜部下的四千多人，以及封邑的四个县，都归了鲁肃。又让程普做南郡太守。鲁肃最初在江陵驻扎，后来，去了下游的陆口，名声显著，部下增加到一万多人。后来被任命为汉昌太守、偏将军。建安十九年，鲁肃跟随孙权打下了皖城，之后转任横江将军。

此前，益州牧刘璋政治混乱，周瑜、甘宁都劝孙权出兵夺取四川，孙权就询问刘备的意见。刘备是想自己夺下四川的，因此假意说：“我和刘璋都是同族，都希望仗着祖上的英灵，振兴汉朝。如今刘璋得罪了您，我很替他担心。所以，您的意见我不敢听从，只是请求您多宽恕他。如果您执意如此，我只好散了山头，去隐居了。”后来刘备领兵去打刘璋，留下关羽守卫荆州，孙权知道后，说：“这个狡猾的家伙，竟然敢欺骗我！”关羽跟鲁肃各自下辖的地方接界，关羽对吴向来戒备，因此两家常有摩擦，不过鲁肃常以讲和的姿态平息事端。刘备占了益州后，孙权便去索要长沙、零陵、桂阳三郡，刘备不肯还，孙权就派吕蒙带兵强行夺取。刘备知道了，亲自回到公安，并派关羽争夺这三郡。鲁肃这时驻扎在益阳，和关羽对抗。鲁肃邀关羽见面，两方都将兵马停在百步之外，只有两个将军单刀赴会。见面后，鲁肃责备关羽说：“我们好意将土地借给你们，是因为你们刚打了败仗，又从大老远来，什么东西都没有。现在你们已经得到益州，却不想还我们土地，甚至我们只要这三郡，也不肯给。”鲁肃话还没说完，座中有一个人插话说：“土地是有德行的人才有资格拥有的，哪有一成不变的道理！”鲁肃大声呵斥那个人，言辞急迫。关羽拿着刀站起来说：“这是国家的事，这个人懂得什么！”之后，关羽使眼色叫那人离开。最后，刘备答应割地，以湘水为界，双方就此罢兵讲和。

鲁肃四十六岁时，也就是建安二十二年，去世。孙权高声号哭来哀悼他，并且亲自到墓地祭奠。诸葛亮也为鲁肃举办了吊唁的活动。后来，孙权当了皇帝，要登上祭坛时，回头对公卿们说：“从前鲁子敬曾说过我会登基称帝，他真是明白大势的人啊。”